Martin Lehner

Viel Stoff – wenig Zeit

Haupt

Martin Lehner

Viel Stoff – wenig Zeit

Wege aus der Vollständigkeitsfalle

4. Auflage

Haupt Verlag

Martin Lehner, Prof. (FH) Priv.-Doz. Dr. phil., Promotion und Habilitation in Erziehungswissenschaft, ist Hochschullehrer an der Fachhochschule Technikum Wien. Er leitet das Institut für Sozialkompetenz und Managementmethoden und zeichnet für den Bereich Didaktik verantwortlich. Nach seiner Tätigkeit als Personalentwickler bei IBM war er mehrere Jahre lang selbständiger Trainer und Berater, anschließend Prozess-Coach bei der TUI. Von 1998 bis 2005 war er Professor an der Fachhochschule Vorarlberg (Österreich), drei Jahre lang auch Vizerektor. Er leitet seit 20 Jahren didaktische Seminare und Workshops und ist Autor einschlägiger Veröffentlichungen; zuletzt erschienen: Didaktische Reduktion, UTB, Haupt, 2012 und Allgemeine Didaktik – Eine Einführung, UTB basics, Haupt, 2009.

4. Auflage: 2013
3. Auflage: 2011
2. Auflage: 2009
1. Auflage: 2006

Bibliografische Information der *Deutschen Nationalbibliothek*
Die Deutsche Nationalbibliothek verzeichnet diese Publikation in der Deutschen Nationalbibliografie; detaillierte bibliografische Daten sind im Internet über http://dnb.d-nb.de abrufbar.

ISBN 978-3-258-07829-8

Umschlaggestaltung: Pooldesign, Zürich
Printed in Germany

www.haupt.ch

Inhaltsverzeichnis

Geleitwort zur 2. Auflage

Bildung und Ausbildung beschäftigen uns ein Leben lang. Im Lauf der Bildungswege und Berufskarrieren müssen sich Lehrende und Studierende im Zuge individueller und zukunftsorientierter Schwerpunktsetzungen mit unterschiedlichen Themenbereichen befassen. Damit verbunden ist eine beinahe unüberblickbare Menge stetig zunehmender Informations- und Wissensflüsse, die aber für eine qualitätsvolle Weiterentwicklung der Lehre von enormer Bedeutung sind.

Orientierungs- und Strukturwissen nehmen daher eine immer wichtigere Rolle ein, um einen optimalen Umgang mit großen Stoffmengen in der Wissensgesellschaft gewährleisten zu können. Gefordert sind vor allem kluge Techniken der Reduktion, die sowohl eine Anleitung zu selbstgesteuerten und projektorientierten Lernformen geben können, als auch Hilfsmittel für diejenigen sind, die große Stoffmengen im kognitiven Feld zu vermitteln haben.

Durch die Transformation unserer Gesellschaft zu einer Wissensgesellschaft haben sich auch die Bereiche der Lehre und Forschung weiterentwickelt und neue wie innovative Strömungen mitgetragen und mitgestaltet. Wissenschaft und Lehre müssen sich daher am Beginn des 21. Jahrhunderts anschaulich und transparent präsentieren.

Mit der Umstellung auf die Bologna-Struktur im österreichischen Hochschulraum gewinnt der zentrale Aspekt über das Verhältnis von Stoffmenge und Zeitbudget eine neue Bedeutung. Eine qualitativ hochwertige Bildung und Ausbildung soll vor dem Hintergrund kürzerer Studiendauer ein optimales Rüstzeug für den Einsatz im Berufs- und Arbeitsleben ermöglichen. Diesen beiden Ansprüchen ist Rechnung zu tragen.

Es ist zu wünschen, dass das vorliegende Buch im strukturierten und durchdachten Umgang mit großen Stoffmengen einen hilfreichen Beitrag leistet und auf diese Weise zur Verbesserung der Lehre und nachhaltigen Qualitätssicherung im Lehrberuf beiträgt.

Dr. Johannes Hahn, Bundesminister für Wissenschaft und Forschung, Wien

Geleitwort zur 1. Auflage

Der Titel dieses Buches ist für den Fachhochschul-Sektor hochaktuell. Martin Lehner bringt ein häufig nicht thematisiertes Grundproblem der Didaktik auf den Punkt: das Verhältnis von Stoffmenge und Zeitbudget.

Die Studiendauer ist bei Fachhochschul-Studiengängen gesetzlich vorgegeben. Durch die Einführung von Bachelor- und Masterstudiengängen hat dieser Aspekt an Bedeutung gewonnen. In nunmehr sechs Semestern wird im Rahmen eines Bachelorstudiums ein akademischer Abschluss erworben. Dabei gilt es, berufspraktischen Anforderungen gerecht zu werden sowie gleichzeitig die Aneignung von hochschulischen Qualitäten wie Kritik, Argumentation, Reflexion und Selbständigkeit zu ermöglichen.

Es sind insbesondere didaktische Konzepte gefordert, die in der Lage sind, als Vermittlungsinstanz zwischen Wissen und Anwendung, Theorie und Praxis sowie Bildung und Beruf zu fungieren. Es kann sicher nicht davon ausgegangen werden, dass die jahrelange Aneignung eines Vorrats an Wissen zu dessen adäquater Anwendung in der späteren beruflichen Praxis befähigt und dass Handlungskompetenz automatisch aus Reflexionsvermögen resultiert.

Die im Akkreditierungsverfahren des FHR geforderte Modularisierung stellt Hochschullehrer vor die Herausforderung, ihre Lehrveranstaltungen zu straffen und neu zu strukturieren. Die von Martin Lehner beschriebenen «Wege aus der Vollständigkeitsfalle» zeigen derlei Möglichkeiten auf.

Die Outcome-Orientierung führt zusätzlich zu einem grundlegenden Perspektivenwechsel: Es steht nicht mehr die Frage, was will ich lehren, im Vordergrund, sondern die Frage, welche Qualifikationen und Kompetenzen sollen das Resultat von Lehr- und Lernprozessen sein.

Möge dieses Buch dazu beitragen, die Qualität des fachhochschulischen Lehrens und Lernens zu fördern und den Studierenden ein optimales Lernumfeld zu bereiten. Lehrende werden in diesem Buch viele konkrete Werkzeuge für den Umgang mit großen Stoffmengen finden.

Dr. Claus J. Raidl, Präsident des Österreichischen Fachhochschulrates, Wien

Einleitung

Viel Stoff – wenig Zeit. Wenn Sie in der Lehre tätig sind – egal, ob in der Schule, Hochschule oder Weiterbildung –, wissen Sie sofort, wovon die Rede ist. Vielleicht benutzen Sie auch eine entsprechende Formulierung: Heute habe ich nicht alles «geschafft». – Mit dem Stoff bin ich noch nicht ganz «durch». – Alles habe ich noch nicht «rübergebracht». Mit diesen oder ähnlichen Worten beschreiben Lehrende eine für sie ganz alltägliche Situation. Zu groß scheint die Menge des Lehrstoffes – kurz: die Stoffmenge – zu sein, als dass sie im jeweiligen zeitlichen Rahmen vermittelbar wäre.

Lehrenden darf man didaktisch die besten Absichten unterstellen: Mit interessanten und anregenden Lehrmethoden wollen sie «ihre» Inhalte transportieren. Beim Versuch, diese Absicht in die Tat umzusetzen, scheitern sie allerdings häufig, weil sie auf ein zentrales – meiner Meinung nach sogar: *das* zentrale – Problem der Lehre stoßen: das *Stoffmengenproblem*: Die Menge des zu vermittelnden Stoffes ist derart groß, dass die Lehrenden nicht anders können, als in eine Art *Vortragsdidaktik* zu verfallen.

Das Stoffmengenproblem hängt eng mit einer Haltung zusammen, mit der *lehrende Fachleute* ihren Inhalten begegnen: «Ich lehre, weil ich zu den Fachleuten meines Gebietes zähle. Ich zähle zu den Fachleuten, weil ich über ein großes Fachwissen verfüge. Also lehre ich letztlich, weil ich über ein großes Wissen verfüge, und muss versuchen, dieses Wissen möglichst vollständig an meine Teilnehmer weiterzugeben.»

Dieses *Vollständigkeitsprogramm* resultiert allerdings aus einem Missverständnis: Fachleute sind nicht deshalb Fachleute, weil sie besonders viel wissen, sondern weil sie als Einzige wissen, was für die jeweilige Zielgruppe wichtig ist und was nicht. Deshalb besteht ihre vorrangige Aufgabe auch darin, abgestimmt auf die Zielgruppe und den zeitlichen Rahmen *die wesentlichen Dinge zu lehren.*

Das Bonmot «Sie haben einen Adlerblick für das Unwesentliche» wird dem Regisseur Fritz KORTNER zugeschrieben.[1] Es drückt aus, dass es keineswegs einfach – und schon gar nicht banal – ist, das Wesentliche eines Inhalts zu erfassen und in Sprache zu kleiden. Im Gegenteil, es ist eine hohe Kunst, den inhaltlichen Kern herauszuschälen und nicht in die *Vollständigkeitsfalle* zu tappen.

Alles ist wichtig gilt vielleicht beim Sicherheitscheck eines Flugzeugs, aber nur selten in der Lehre. Aber ähnlich wie bei einem Sicherheitscheck gibt es in der Lehre bestimmte «Handgriffe», mit denen man seine Inhalte bündeln und in einer leicht anmutenden Weise transportieren kann. Wer mit großen Stoffmengen angemessen umgehen will, muss zwischen Vollständigkeit und Gründlichkeit unterscheiden können und über Techniken der Reduktion verfügen, z. B. die «Blumenstraußtechnik», die «Siebe der Reduktion» und den «Substanzcheck», die in diesem Buch beschrieben werden.

Konzentration auf das Wesentliche und Einfachheit sind Ideale, denen man in der Lehre nahe kommen kann. Menschen, denen dies gelingt, senden meist die stille Botschaft: «Das ist im Grunde genommen alles ganz einfach.» Und wenn etwas leicht und eingängig ist, dann lernt es sich auch entsprechend gut. Bei denjenigen, die in die Vollständigkeitsfalle tappen, klingt die Botschaft eher wie: «So einfach ist das alles nicht!», was natürlich anschließend auch demonstriert wird.

«Viel Stoff – wenig Zeit» ist eine Herausforderung, die sich im gesamten Bildungsbereich stellt:

- In den *Schulen* gibt es – nicht zuletzt aufgrund der PISA-Studien – eine Bewegung weg von einer Vortragsdidaktik hin zu stärker selbstgesteuerten und projektorientierten Lernformen. Individualisierung, Kompetenzorientierung und Zentralmatura bzw. -abitur sind weitere Tendenzen an den Schulen, die bei der Vielzahl der Anforderungen eben auch die Frage nach dem Umgang mit großen Stoffmengen aufwerfen.
- In den *Hochschulen* ist die europaweite Einführung des gestuften Studiensystem (Bachelor, Master und PhD) vielerorts vollzogen. In den meisten Studienprogrammen an Fachhochschulen und Universitäten erwerben Studierende in sechs bis acht Semestern einen ersten akademischen Abschluss. In einer vergleichsweise geringeren Zeit als bei den alten Studiengängen (acht und mehr Semester) sol-

len die Studierenden eine hochschul- und berufsadäquate Kompetenz erwerben.

- In der *fachlichen Weiterbildung*[2] steht aufgrund des wirtschaftlichen Drucks, der auf vielen Unternehmen lastet, wenig Zeit für Bildung bereit. Waren vor Jahren noch drei- bis fünftägige Seminare selbstverständlich, muss man heute eine Zwei-Tages-Veranstaltung schon als Langversion bezeichnen.

Der Umgang mit großen Stoffmengen ist in allen Bildungsbereichen ein Thema. Dies hat sich auch bei der Rezeption der ersten drei Auflagen gezeigt: Obgleich der Schwerpunkt der Darstellung eher bei den Hochschulen und der Weiterbildung liegt, wurden viele Überlegungen und Methoden für den schulischen Bereich adaptiert. Dies unterstreicht, dass die Stoffmengenproblematik eine übergreifende Herausforderung ist, der sich alle Bildungsbereiche in einer je spezifischen Weise zu stellen haben.

Als Hilfestellung finden Sie ab der 2. Auflage am Ende des Buches eine *«Toolbox der Reduktion»*, in der ausgewählte Instrumente und Techniken zum Umgang mit großen Stoffmengen zusammengestellt sind. Diese Toolbox steht Ihnen auch als *kostenloser Download* zur Verfügung (S. 145) und trägt hoffentlich dazu bei, dass Sie Ihre Antwort auf die *didaktische Gretchen-Frage* finden: «Sag, wie hältst du es mit großen Stoffmengen?» Wege aus der Vollständigkeitsfalle gibt es viele – in Schule, Hochschule und Weiterbildung. Ich wünsche Ihnen, dass Sie einen gangbaren Pfad entdecken.

Abschließend geht ein herzliches Dankeschön für die Unterstützung beim Schreiben dieses Buches an Martina Schubert als Expertin für Ein-Personen-Unternehmen, die weiß, wie wichtig es ist, Bildungsangebote auf das Wesentliche zu konzentrieren, und die vor diesem Hintergrund das Bild von den «Sieben der Reduktion» entwickelt hat, an Christoph Gassmann für das kompetente Lektorat und an Michael Schmidt-Ott für die grafische Unterstützung.

Martin Lehner

1 Die «Neue Inhaltlichkeit»

1.1 Viel Stoff – wenig Zeit: Das Stoffmengenproblem in Schule, Hochschule und Erwachsenenbildung

«Viel Stoff – wenig Zeit» ist eine Herausforderung für den gesamten Bildungsbereich. Entsprechende Formulierungen von Lehrenden unterstreichen diese für sie ganz alltägliche Situation: Heute habe ich nicht alles «geschafft». – Mit dem Stoff bin ich noch nicht ganz «durch». – Alles habe ich noch nicht «rübergebracht». Zu groß scheint die Menge des Lehrstoffes – kurz: die Stoffmenge – zu sein, als dass sie im jeweiligen zeitlichen Rahmen vermittelbar wäre.

Das Stoffmengenproblem lässt sich gleichermaßen in den *Schulen,* den *Hochschulen* und der *Erwachsenenbildung* beobachten. Verstärkt wird die Problematik durch eine Tendenz sowohl zu größeren Mengen an Lerninhalten als auch zu geringeren Zeitbudgets für Lernprozesse. Die Gründe für das dadurch auch subjektiv immer stärker wahrgenommene *Stoffmengenproblem* sind vielfältig.

Generell gilt, dass wir in einer Gesellschaft leben, die tagtäglich neues Wissen hervorbringt, speziell in den hochtechnologischen und schnelllebigen Bereichen. In der Wissensgesellschaft versucht man, die immer kürzer werdende Halbwertszeit des Wissens dadurch zu kompensieren, dass immer mehr Möglichkeiten des Suchens und Findens von Informationen zur Verfügung gestellt werden. Das Beispiel Internet illustriert dies, da sowohl riesige Mengen an Informationen abrufbar sind als auch immer ausgeklügeltere Such-Instrumentarien zur Verfügung stehen. Die Formulierung «Wir suchen nach Erkenntnis und ertrinken in Informationen» umschreibt die Problematik treffend.

Zudem nehmen die Bestände an so genanntem Sonderwissen in der Wissensgesellschaft stetig zu und lösen sich vom Bestand an Allgemeinwissen immer stärker ab. So entstehen exklusive Wissensbestände und privilegierte Informationszugänge, die von Experten bewirtschaftet werden.

Der gesellschaftliche Wissensvorrat wird immer stärker ausdifferenziert und es ergibt sich stärker als jemals zuvor die Notwendigkeit, das eigene Handeln durch Expertenwissen abzusichern (s. Kap. 5.1).

Dies ist insofern interessant, als dass das Wissen von Fachleuten in einer besonderen – häufig nicht direkt für die Lehre verwendbaren – Weise organisiert ist. Die Wissensorganisation bei Experten unterscheidet sich quantitativ und qualitativ von der Organisation des Wissens bei Laien, Novizen oder fortgeschrittenen Lernenden. Bemerkenswert ist insbesondere, dass die Experten ihr Wissen «verdichtet» haben, d. h. ihnen sind die wesentlichen Konzepte und Prinzipien nicht mehr so bewusst wie noch den Fortgeschrittenen, so dass sie häufig dazu tendieren, mehr oder weniger umfangreiche Kataloge von Fakten, Begriffen, Methoden und Prinzipien zu liefern (s. Kap. 5.2).

Die zunehmenden Wissensbestände und der Wunsch nach Orientierung in der Informationsflut treffen auf eine Problematik, die sich für Lehrpersonen immer schon gestellt hat, die aber jetzt mit einer nicht gekannten Dramatik hervortritt: die *Vollständigkeitsfalle.* Gemeint ist damit, dass Lehrende häufig – aus einer wohlmeinenden Absicht heraus – versuchen, ihr Wissen möglichst vollständig an die Lernenden weiterzugeben. Dies hängt mit der *Alles-ist-wichtig-Illusion* zusammen, der Vorstellung also, man müsse möglichst viel von dem, was man selbst weiß, auch an die Lernenden weiterreichen (s. Kap. 2.1).

Ein weiterer Grund für die verstärkte Wahrnehmung des Stoffmengenproblems liegt auch in dem prinzipiell zu begrüßenden Einsatz alternativer Lehr- und Lernformen, für die jedoch in der Regel größere Zeitbudgets erforderlich sind. Die methodische Vielfalt wächst insgesamt, indem die traditionelle Vortragsdidaktik und das Unterrichtsgespräch durch stärker aktivierende Lernformen ergänzt werden (s. Kap. 4.4).

Darüber hinaus sind es auch die neuen Informations- und Kommunikationstechnologien, die neue Wege für die Lehre bereitstellen. E-Learning bietet grundsätzlich die Möglichkeit, große Informationsmengen verfügbar zu machen, und somit die Chance, Lernprozesse über passgenaue Lernpfade zu individualisieren. Die Möglichkeit, große Quantitäten an Informationen verfügbar zu machen, birgt aber auch die Gefahr, dass sich die Stoffmengenproblematik verstärkt. Hinzu kommt eine teilweise durch Präsentationssoftware wie Powerpoint bestimmte Lehr-/Lernkultur, die mancherorts zu einer Vortragsdidaktik in moderner Aufmachung führt («elektronische Folienschleuder») (s. Kap. 2.2).

In den *Schulen* ist das Stoffmengenproblem auch strukturell wahrnehmbar: «Abitur in zwölf Jahren: Viel Stoff, wenig Zeit»[3] lautet eine Schlagzeile, die die Situation in einigen deutschen Bundesländern bezeichnet. Die geplante Reduktion der Schulzeit bis zum Abitur von 13 auf zwölf Jahre nährt Befürchtungen hinsichtlich einer erheblichen Arbeitsverdichtung bei den Gymnasiasten und einer Stoffverdichtung bei den Lehrenden. In Österreich, wo die Matura an Gymnasien in zwölf Jahren erworben wird, wird diese Herausforderung – stellvertretend für viele – wie folgt kommentiert: «Demotivierend ist das System, weil einfach zu viel Stoff in zu wenig Zeit hineingeprügelt wird. Ein Jahr mehr wäre (...) sicher von Vorteil, weil dann die Schüler den Stoff lernen und sich nicht einfach nur vor einer Schularbeit vollsaugen würden.»[4]

Im Kontext der PISA-Studien hat es immer wieder Spekulationen gegeben, dass die Ergebnisse in Österreich und Deutschland besser ausgefallen wären, wenn schwerpunktmäßig Faktenwissen abgefragt worden wäre. Die schulische Konzentration auf das Auswendiglernen habe es erschwert – so wurde argumentiert –, Aufgaben mit Anwendungsbezug zu bearbeiten und entsprechende Transferleistungen erfolgreich zu erbringen.

Hinsichtlich der in den kommenden Jahren in einigen Fächern geplanten Zentralmatura (bzw. des Zentralabiturs) kann spekuliert werden, dass die für die Lehrer im Vorhinein nicht mehr bekannten Aufgaben der schriftlichen Prüfungen zu einer zunehmenden Stofforientierung führen könnten. Die Unsicherheit über mögliche Aufgabenstellungen könnte die Lehrer weiter in die Vollständigkeitsfalle treiben und sie in ihrem Lehrhandeln eher auf Oberflächlichkeit denn auf Gründlichkeit hinlenken.

Noch auf eine weitere Erschwernis hinsichtlich des Umgangs mit großen Stoffmengen sei hingewiesen: Schulbücher sind häufig so aufbereitet, dass es den Schülern schwerfällt, sich in den großen Stoffmengen zu orientieren und die Übersicht zu bewahren. In einer Untersuchung wurde festgestellt: «Neben inhaltlichen Fehlern sind viele Biologiebücher auch didaktisch schwach. Inhalte sind oft zu wissenschaftlich dargestellt und zu kompliziert formuliert. Manche Seiten sind voll mit kleiner Schrift. Das spricht an Bilder gewöhnte Schüler nicht an.»[5]

In den *Hochschulen* in Europa ist das gestufte Studiensystem weitgehend eingeführt. Anstelle des klassischen einstufigen Diplom- oder Magisterstudiums tritt die neue Formel: Bachelor (1. Stufe) + Master (2. Stufe) + PhD (3. Stufe). Bereits mit dem Bachelor ist ein vollwertiger akademischer Abschluss gegeben, zu dessen Erwerb je nach Land und Bildungssektor zwischen sechs und acht Studiensemester erforderlich sind. An den österreichischen Fachhochschulen wird beispielsweise der Bachelor nach sechs Semestern, der Master nach weiteren zwei bis vier Semestern abgeschlossen.

Die Herausforderung besteht nun darin, die Absolventen in einer vergleichsweise geringeren Zeit als bei den alten Studiengängen sowohl mit einer hochschul- als auch mit einer berufsadäquaten Handlungskompetenz auszustatten. An einer Fachhochschule kann das konkret heißen: Statt der bislang üblichen acht Semester stehen nunmehr sechs Semester für die akademische Erstausbildung zur Verfügung. Sofern man dem Gedanken der Bologna-Deklaration[6] entsprechen will, wird der Bachelor so gestaltet, dass die Absolventen nach sechs Semestern eine in sich geschlossene Handlungskompetenz erwerben.

In der Lehre ergibt sich – mit besonderer Dringlichkeit in den naturwissenschaftlichen und technischen Fächern – die Frage: Wie soll das bewerkstelligt werden: zum einen Grundlagen vermitteln, für die früher etwa vier Semester verfügbar waren, und zum anderen Handlungskompetenzen aufbauen? Von der wahrgenommenen Stoffmengenproblematik berichtet auch eine Studentin: «Sicher, ich bin fleißig, aber mir kommt es immer so vor, als hätte ich für viel zu viel Stoff viel zu wenig Zeit und müsste jedes Semester aufs Neue zittern.»[7]

«Viel Stoff und wenig Zeit» klingt es auch von Seiten der Hochschullehrer, und in der Tat ist das eine gewaltige Herausforderung für die akademische Lehre. Möglicherweise ist dies mit ein Grund, warum sich hochschuldidaktisch wieder einiges bewegt. Die Nachfrage nach hochschuldidaktischen Weiterbildungen und Zertifikaten steigt[8] und die hochschuldidaktischen Zentren blühen auf.[9]

In der *Erwachsenenbildung* steht aufgrund des wirtschaftlichen Drucks, der vor allem auf den Unternehmen lastet, wenig Zeit für Bildung bereit. Veranstaltungen werden häufig in einem einzigen Tag abgewickelt, manchmal fällt das Zeitbudget noch knapper aus. Kein Wunder, dass die Stiftung Warentest bei der Bewertung von Gründungsseminaren titelt: «Wenig Zeit für zu viel Stoff»[10].

Zugleich verändert sich der Trainings- und Beratungsmarkt. Frank Michael ORTHEY merkt dazu an: «Der Markt wird ‹enger›, immer mehr selbsternannte Berater, Organisationsentwickler, Coaches, Trainerinnen – und wie sie alle auch immer gerne heißen wollen – drängen sich vor den Türen potenzieller Auftraggeber.»[11] Die Anzahl der Trainer hat deutlich zugenommen. Junge Hochschulabsolventen trainieren und beraten nach Abschluss des Studiums. Führungskräfte der unteren und mittleren Ebene agieren wie selbstverständlich auch als Trainer und Berater. Natürlich trägt auch die Situation auf dem Arbeitsmarkt dazu bei, dass Training und Beratung als (Aus-)Wege gesehen werden, das berufliche Profil zu erweitern.

Insgesamt hat die Zahl der Aus- und Weiterbildungsangebote für Trainer (z.B. Train-the-Trainer) zugenommen. Dies ist eine Reaktion auf die entsprechende Bildungsnachfrage. Inhaltlich und zeitlich unterscheiden sich die einzelnen Angebote zum Teil erheblich. Es gibt keinen standardisierten Ausbildungsgang, sondern ein unüberschaubares Geflecht: autodidaktisches Lernen, Meister-Lehrlings-Situationen, Hochschulstudien und unzählige Ausbildungsangebote von mittelständischen Beratungsfirmen.

In einem Standardwerk der Erwachsenenbildung lautet eines von zehn «Kriterien für eine gute Lehre»: «Eine gute Lehre sollte die Wissensvermittlung auf das Notwendigste beschränken. Der ‹Lerneffekt› des vermittelten Wissens wird meistens überschätzt. Wünschenswert ist eine planmäßige, ‹didaktische Reduktion› des Fachwissens auf wesentliche Schlüsselbegriffe, Grundeinsichten, Fragestellungen, exemplarische Beispiele, Kontroversen.

Eine didaktische Kunst besteht in der Beschränkung und Zurückhaltung der Lehrenden.»[12] Hier stellt sich natürlich die Frage, ob die Ausbildungsangebote für Trainer und Erwachsenenbildner derartige Qualifikationen vermitteln:

- Werden Hilfestellungen geboten, um mit großen Stoffmengen sinnvoll umgehen und der «Vollständigkeitsfalle» entkommen zu können?
- Werden spezielle Reduktionstechniken erarbeitet, mit denen sich «Stoff portionieren» und in «verdauliche Einheiten» aufteilen lässt?

Summa summarum: Der Umgang mit großen Stoffmengen wird in allen Bildungsbereichen – Schule, Hochschule und Erwachsenenbildung – als Herausforderung erlebt. Demzufolge bedarf es entsprechender Kompetenzen, um in angemessener Weise mit viel Stoff und wenig Zeit umgehen und eine sowohl für die Lehrenden als auch für die Lernenden hilfreiche Antwort auf die *didaktische Gretchen-Frage* finden zu können: «Sag, wie hältst du es mit großen Stoffmengen?»

1.2 Der traditionelle Umgang mit Inhalten: Bewährte und wiederentdeckte Konzepte

Der Umgang mit großen Stoffmengen ist eine Herausforderung, die sich derzeit besonders nachdrücklich stellt. Vor diesem Hintergrund ist es angeraten, sich einige der in der Didaktik vorhandenen Methoden und Techniken zur Aufbereitung von Inhalten zu vergegenwärtigen. Dies ist auch insofern sinnvoll, als dass die in den letzten 20 Jahren vorherrschende Ausrichtung auf methodische Konzepte inhaltliche Gesichtspunkte eher zurückgedrängt hat.

Inhaltliche Akzente wurden in der Geschichte der Didaktik vor allem durch die bildungstheoretische Didaktik von Wolfgang KLAFKI gesetzt. So hat er im Jahr 1958 ein unterrichtspraktisches Modell vorgestellt, das in den folgenden Jahrzehnten zur Grundlage vieler didaktischer Planungen wurde. Unter dem Titel «Didaktische Analyse als Kern der Unterrichtsvorbereitung» eröffnet das Modell fünf inhaltliche Perspektiven:

- *Gegenwartsbedeutung:* Welche Bedeutung hat der betreffende Inhalt bzw. die an diesem Thema zu gewinnende Erfahrung, Erkenntnis, Fähigkeit oder Fertigkeit bereits im geistigen Leben der Kinder, welche Bedeutung sollte er haben?
- *Zukunftsbedeutung:* Worin liegt die Bedeutung des Themas für die Zukunft der Kinder?
- *Sachstruktur:* Welche ist die Struktur des Inhalts (Momente, Zusammenhang der Momente, Schichten des Inhalts, größerer sachlicher Zusammenhang, erschwerende Eigentümlichkeiten, Mindestwissen)?
- *Exemplarische Bedeutung:* Welchen größeren bzw. welchen allgemeinen Sinn- oder Sachzusammenhang vertritt und erschließt dieser Inhalt? Welches Urphänomen oder Grundprinzip, welches Gesetz, Kriterium, Problem, welche Methode, Technik oder Haltung lässt sich in der Auseinandersetzung mit ihm «exemplarisch» erfassen?
- *Zugänglichkeit:* Welches sind die besonderen Fälle, Phänomene, Situationen, Versuche, Personen, Ereignisse, Formen, Elemente in oder an denen die Struktur des jeweiligen Inhalts den Kindern interessant, fragwürdig, zugänglich, begreiflich, anschaulich werden kann?[13]

Bei der Beantwortung aller dieser Fragen ist die Stoffmengenproblematik gegenwärtig, insbesondere aber bei der exemplarischen Bedeutung der jeweiligen Inhalte. Die Aufgabe besteht nun darin, *Inhalte* mit Hilfe didaktischer Prinzipien in *Lerngegenstände* zu transformieren. Dies ist auf unterschiedliche Arten möglich, lässt sich aber in der einfachsten Form als *Zweischritt von der Fachlichkeit zur Fasslichkeit* beschreiben.

Im ersten Schritt geht es um die eher *fachwissenschaftliche Sicht.* Sie mündet in die Darstellung der fachwissenschaftlichen Struktur, z. B. als Fachsystematik. Dabei ist zu klären:

- Welche fachwissenschaftlichen Grundlagen sind für den Lerngegenstand bedeutsam?
- Welche größeren fachwissenschaftlichen Zusammenhänge gilt es zu bedenken?
- Wie ist der historische Hintergrund, und welche fachlichen Besonderheiten sind zu berücksichtigen?

Im zweiten Schritt geht es dann um die eher *didaktische Sicht*. Ganz wesentlich hierbei ist die Ermittlung des didaktischen Stellenwertes der einzelnen Inhalte. Zu bestimmen ist auch, welche Begriffe, Symbole, Abkürzungen, Vorschriften, Abläufe, Prinzipien, Methoden, Definitionen, Formeln, Theorien usw. für die Lernenden von Bedeutung sind. Die didaktische Sicht mündet in die Darstellung der didaktischen Struktur, z. B. als didaktisches Wissensgefüge. Dabei ist zu klären:

- Welche Zugänge zum Lerngegenstand lassen sich nutzen?
- Aus welcher Perspektive sollen die Inhalte erschlossen werden?
- In welcher zeitlichen Reihenfolge sollen die Inhalte erschlossen werden?
- Nach welcher Sachlogik bzw. didaktischen Logik werden die Inhalte erschlossen?

Eine besondere Rolle spielen bei diesem Schritt die didaktischen Prinzipien der *Inhaltsauswahl*. Mit ihrer Hilfe lassen sich die didaktische Funktion der Inhalte und ihr Stellenwert für die jeweilige Zielgruppe bestimmen. Typische Prinzipien der Inhaltsauswahl sind:

- *Situationsbezug:* Lerninhalte sind auf konkrete gegenwärtige und/oder zukünftige Situationen hin angelegt.
- *Handlungsorientierung:* Lerninhalte bieten Hilfestellung und Orientierung für konkrete Handlungen.
- *Wissenschaftsorientierung:* Lerninhalte orientieren sich (auch) am Kenntnisstand sowie den Inhalten und Methoden der jeweiligen Fachwissenschaft.

- *Exemplarik:* Lerninhalte werden so ausgewählt, dass sich die Fülle des Wissens an wenigen typischen Fällen (stellvertretend für ähnliche Sachverhalte) abbildet.
- *Struktur:* Lerninhalte transportieren (auch) strukturelles Wissen wie Grundbegriffe, Theorieelemente, Modelle, Erklärungsschemata usw.

Inhalte lassen sich auf unterschiedliche Arten anordnen. Die *Inhaltsanordnung* kennt unterschiedliche Ordnungsprinzipien, die sich entweder auf eine Sachlogik oder auf eine didaktische Logik beziehen. Im Einzelnen lassen sich unterscheiden:

- *Sachlogische Anordnung* – Beispiel: Erst werden einzelne chemische Elemente behandelt, dann deren Verbindungen.
- *Prozessorientierte Anordnung* – Beispiel: Der Lehr-/Lernprozess folgt dem betrieblichen Ablauf: Kundenanfrage, Angebot, Herstellung, Lieferung, Inbetriebnahme, Rechnungsstellung und Wartung.
- *Didaktisch-logische Anordnung* – Beispiel: Erst werden bekannte Baumaterialien besprochen, dann neue Technologien vorgestellt (Prinzip: Vom Bekannten zum Unbekannten).
- *Dramaturgische Anordnung* – Beispiel: Ein Spannungsbogen wird aufgebaut: Experiment, Fragestellung, fachliche Reflexion und Lösung.

Bei der Aufbereitung von Inhalten ist es nie möglich – gleichgültig in welcher Disziplin – die ganze, umfassende Wirklichkeit mit all ihren Details vollständig den Lernenden zu vermitteln. Es gilt also, den umfangreichen und differenzierten Bestand an Wissen für Lehr- und Lernzwecke aufzubereiten. Dies ist die Aufgabe der *didaktischen Reduktion:* die Komplexität so zu reduzieren, dass die Inhalte für die Lernenden fasslich und verarbeitbar werden. Oder anders formuliert: Didaktische Reduktion umschreibt die Rückführung komplexer Sachverhalte auf ihre wesentlichen Elemente, um sie für Lernende überschaubar und begreifbar zu machen.

Dietrich HERING hat in seiner 1958 verfassten Habilitationsschrift «Didaktische Vereinfachung» (veröffentlicht unter dem Titel «Zur Fasslichkeit naturwissenschaftlicher und technischer Aussagen») den Begriff am Beispiel des Hochofenprozesses ausgeführt. «Didaktische Vereinfachung einer wissenschaftlichen Aussage ist der Übergang von einer differenzierten Aussage zu einer allgemeinen Aussage gleichen Gültigkeitsumfanges über den gleichen Gegenstand unter dem gleichen Aspekt.»[14]

Bei einer Vereinfachung wird nach HERING die Zahl der Merkmale einer Aussage vermindert, ohne dabei den Gültigkeitsumfang einzuschränken. Man bewegt sich stufenweise vom Differenzierten zum Vereinfachten, und am Schluss steht eine vereinfachte Aussage mit der kleinsten Zahl von Merkmalen, die das Allgemeine noch aussagen. Das Beispiel des Hochofenprozesses beginnt mit einer Beschreibung aller chemischen Vorgänge und technischen Gegebenheiten im Hochofen und endet bei der vereinfachten Aussage: «Im Hochofen werden Eisenoxide (Eisenerze) durch Kohlenstoff (Koks) zu elementarem Eisen reduziert.»[15]

Ihre Aufgabe

Dietrich HERING hat seinen Ansatz der «didaktischen Vereinfachung» entwickelt, weil er gefordert war, gleiche Inhalte an unterschiedlichen Schultypen zu unterrichten.

- Falls Sie auch schon einmal vor der Aufgabe standen, gleiche Inhalte an unterschiedliche Zielgruppen vermitteln zu müssen: Welche Vorgehensweise haben Sie gewählt?
- Falls Ihnen (zusätzlich) auch noch unterschiedliche Zeitbudgets zur Verfügung stehen: Wie verhalten Sie sich in einer derartigen Situation?

Der Begriff «Didaktische Reduktion» wurde 1967 von Gustav GRÜNER geprägt. Er unterscheidet zwei Formen der didaktischen Reduktion abhängig davon, ob es sich um ein eher quantitatives oder qualitatives Vermittlungsproblem handelt:

- *Vertikale didaktische Reduktion:* Die Aussage ist zu komplex oder zu differenziert (quantitatives Problem). Die vertikale Reduktion zielt auf eine Mengeneingrenzung oder -einschränkung ab. Beispiele: Physik (Ohm'sches Gesetz als Sonderfall der Maxwell'schen Gleichungen), Geschichte (bestimmte Epochen anstelle einer umfassenden Menschheitsgeschichte).

- *Horizontale didaktische Reduktion:* Die Aussage ist zu abstrakt (qualitatives Problem). Die horizontale Reduktion zielt auf eine Konkretisierung oder Veranschaulichung ab. Beispiele: verbale Erläuterungen oder Merkregeln anstelle mathematischer Gleichungen, Veranschaulichung durch Prinzipskizzen, Experimente oder Analogien.[16]

Bei allen Reduktionsformen sind inhaltliche Entscheidungen zu fällen. Dabei gilt es auch zu beurteilen, ob eine vereinfachte Aussage wissenschaftlich zulässig ist. Ist der didaktisch motivierte Wechsel zu einer veranschaulichten Darstellung fachlich vertretbar? Ein Beispiel ist die Veranschaulichung (horizontale didaktische Reduktion) von Strom und Spannung durch das gebräuchliche Wassermodell. Die Analogie von stromdurchflossenen Leitern zu Wasserrohren hat allerdings ihre Grenzen, da beispielsweise Leitungsbruch und Rohrbruch zu völlig unterschiedlichen Reaktionen führen. In einem unterbrochenen Leiter fließt kein Strom, während ein offenes Rohr leckt und Wasser an die Umgebung abgibt.[17]

Das Stoffmengenproblem ist ein Anlass, die inhaltlichen Aspekte von Didaktik – insbesondere jene um das Thema Reduktion – wieder stärker zu beleuchten und sie gleichberechtigt neben der methodischen Perspektive zu etablieren. Dafür gibt es teilweise durchaus bewährte Konzepte, weitere Ansätze sind wiederzuentdecken und vor dem Hintergrund großer Stoffmengen und beschränkter Zeitbudgets neu zu erschließen und gegebenenfalls zu erweitern.[18]

1.3 Die «Neue Inhaltlichkeit»: Warum die Aufbereitung der Inhalte genauso wichtig ist wie die Wahl der Methoden

Bedarf an guter Lehre ist vorhanden. Wie sonst sollte man es sich erklären, dass die für Kinder produzierte «Sendung mit der Maus» seit fast 40 Jahren erfolgreich ist und zu 60 Prozent von Erwachsenen gesehen wird. «Wenn keiner mehr durchsteigt, gibt es zwei Möglichkeiten: Man kann eine Expertenkommission einsetzen – oder die Maus fragen. Experten lieben die Komplexität, sie ist quasi ihre Lebensgrundlage. Die Maus liebt die Einfachheit»,[19] fasst Silke SCHNETTLER das Erfolgsrezept der Maus zusammen. Ähnlich verhält es sich mit dem Buch *Sofies Welt*. Dieser von Jostein GAARDER in Form einer abenteuerlichen Geschichte verfasste Philosophiekurs richtet sich zwar an Jugendliche, wird aber auch von vielen Erwachsenen mit Freude gelesen.

Im Bereich der Wissenschaftskommunikation wird inzwischen auf diesen Bedarf reagiert. «Wissenschaft lernt kommunizieren» und «University Meets Public»[20] sind unterschiedliche Initiativen, die darauf abzielen, den Dialog zwischen Wissenschaft und Gesellschaft zu intensivieren. Dem «individuellen Bedürfnis nach Verständigung steht [allerdings] das kollektive Misstrauen gegenüber einer verständlichen Sprache entgegen.»[21] Oder mit den Worten von Jürgen MITTELSTRASS: «Das Einfache (auch in der Sprache) erscheint als der Feind der eigenen Bedeutungsvermutung. Das aber bedeutet: Der Ausweis der Wissenschaftlichkeit erfolgt hier durch den (rettenden) Nachweis der Unverständlichkeit.»[22] Einfach genug?

Überlegungen hinsichtlich der Reduktion von Komplexität und Stofffülle fallen in die Zuständigkeit der *Didaktik*, einer Teildisziplin der Erziehungswissenschaft. Als handlungsorientierte Wissenschaft vom Lehren und Lernen besteht ihre Aufgabe darin festzustellen, wie Lernsituationen beschaffen sind, Entwürfe für ihre Verbesserung zu liefern und gewonnene Einsichten umsetzen zu helfen – mit anderen Worten: die Praxis des Lernens aufzuklären und zu fördern.[23] Didaktische Ansätze helfen einerseits dabei, die Vielfalt des Lehr- und Lerngeschehens zu reduzieren, andererseits leiten sie an, derlei Prozesse «durch didaktische Reflexion komplexer zu reflektieren als es ohne eine solche Theoriebildung möglich wäre.»[24]

Fragt man nach dem Zweck der Didaktik als Disziplin, liegt der Hinweis auf eine *Berufswissenschaft für Lehrer und Hochschullehrer, Erwachsenenbildner und Trainer* nahe. Die Didaktik *könnte* damit eine Grundlage für die *Professionalität aller Lehrenden* sein. An dieser Stelle muss die Möglichkeitsform stehen, da in der Erwachsenen- und der Weiterbildung sowie an den Hochschulen die Auffassung weit verbreitet ist, dass es vorrangig auf die fachliche Kompetenz der Lehrenden ankommt.

Lehrende begegnen der *Didaktik* häufig mit Skepsis. Dazu passt, was Friedrich KRON im Rahmen einer Befragung unter Lehrern festgestellt hat: «Je jünger die Befragten sind, umso aggressiver haben sie auf das Wort Didaktik reagiert.»[25] Woran dies im Einzelnen liegt, kann nur vermutet werden:

- Ein Nutzen didaktischer Modelle wird von den Praktikern kaum wahrgenommen. Diese werden häufig als zu allgemein eingeschätzt, um konkrete Unterstützung bieten zu können.
- Der Didaktik haftet etwas Oberlehrerhaftes an: Wenn Sachverhalte «didaktisiert» werden, dann heißt das auch, dass die Inhalte und die Arbeit der Lehrpersonen einer Korrektur bedürfen.

Hinzu kommt eine zwar nur selten ausgesprochene, aber in bestimmten Berufsfeldern durchaus verbreitete Haltung der Lehrenden zur Lehre: «Lehren – das kann man doch.» Während man zum Auto fahren eine Ausbildung einschließlich Prüfung absolvieren muss, ist dies für die Lehre nicht immer erforderlich. Wer sich auf eine Stelle als Hochschullehrer bewirbt, weist seine pädagogische Eignung in der Regel dadurch nach, dass er bereits gelehrt hat. Hinzu kommt, dass sich die Reputation der akademisch Lehrenden häufig über deren fachliche Expertise und deren Leistungen in Forschung und Entwicklung bemisst.

Auch im schulischen Bereich ist eine kontinuierliche didaktische Weiterbildung nicht die Regel. Wer einmal die beruflichen Einstiegshürden der Unterrichtspraktika bzw. des Referendariats genommen hat, ist häufig froh, die oft als wenig praktisch empfundenen Didaktikseminare nicht so schnell wieder besuchen zu müssen.

Während es einerseits eine gewisse Selbstzufriedenheit mit den Leistungen in der Lehre zu geben scheint, ist andererseits durchaus ein Bedarf an didaktischer Qualifikation auszumachen. Die «anonymen Hochschullehrer» nennt sich selbstironisch eine Gruppe von akademischen Lehrenden, die an einer hochschuldidaktischen Weiterbildung teilnehmen. Dies mag darauf zurückzuführen sein, dass es an Hochschulen häufig als Schwäche angesehen wird, sich didaktisch zu qualifizieren. Denn wie hieß es doch gleich: Lehren – das kann man doch!

Auch andere Beispiele zeigen, dass Fragen nach der Qualität der akademischen Lehre inzwischen wieder gestellt werden und durchaus Gehör finden. Manch eine Hochschule formuliert Qualitätsstandards als Maßstab für eine gute Lehre. Beispielhaft sei hier ein Standard der Fachhochschule Zentralschweiz zitiert, der auch das Thema der Stoffmengen beleuchtet. Dort heißt es zum Bereich «Wissenschafts- und praxisorientierte, künstlerische und pädagogische Lerninhalte sowie überprüfbare und anspruchsvolle Lernziele»: «Die Lehrpersonen

- wählen Inhalte, die dem aktuellen Wissensstand in Wissenschaft, Praxis und Kunst entsprechen,
- berichten über aktuelle Praxiserfahrungen,
- finden eine Balance zwischen Theorie- und Praxisorientierung,
- reduzieren die Inhalte zugunsten von Anwenden, Üben, Experimentieren, Problemlösen und Entwickeln.»[26]

Die Aufforderung, Inhalte zugunsten von Lerntätigkeiten zu reduzieren, mutet fast revolutionär an – jedenfalls für den hochschulischen Bereich. Einen solchen Standard umzusetzen, erfordert den entsprechenden Willen, hochschuldidaktische Kompetenz und ein entsprechendes Umfeld hinsichtlich Studiengang, Fachbereich, Fakultät oder Institut.

Dies sind erste Schritte in Richtung einer *«Neuen Inhaltlichkeit»* in der Didaktik. Insgesamt ist aber festzuhalten, dass derzeit methodische Überlegungen deutlich überwiegen. Seit den 1980er-Jahren haben sich didaktische Konzepte intensiv mit Fragen der Methodik auseinandergesetzt und entsprechende Handlungsempfehlungen unterbreitet. Nach einer Schätzung von Hilbert MEYER und Werner JANK gibt es vermutlich mehrere Hundert solcher didaktischen Konzepte, die allesamt Handlungscharakter haben und eine oftmals rein methodische Perspektive akzentuieren[27]. Zu diesen Ansätzen zählen beispielsweise:

- Offener Unterricht
- Handlungsorientierter Unterricht
- Erfahrungsbezogener Unterricht
- Projektunterricht und Projektmethode
- Selbstgesteuertes Lernen
- Problemorientiertes Lernen
- Lernen durch Lehren
- Leittext-Methode
- Großgruppenmoderation
- Lernen am Arbeitsplatz

Die Akzentuierung methodischer Aspekte, gestützt durch eine ebenfalls wahrnehmbare Medienorientierung in Folge der neuen Informations- und Kommunikationstechnologien, hat dazu geführt, dass inhaltliche Fragen eher in den Hintergrund getreten sind. Im Sinne einer didaktischen Trendwende – einer «Neuen Inhaltlichkeit» – wäre es erforderlich, die derzeit vorherrschende Methoden- und Medienorientierung durch eine stärker inhaltliche Orientierung zu ergänzen. Im Übrigen gibt es einen engen Zusammenhang zwischen den methodisch/medialen und inhaltlichen Aspekten: Erst eine konsequente *Weniger-ist-mehr-Orientierung* ermöglicht den Einsatz vielfältiger Methoden und Medien und die Ausrichtung an den Voraussetzungen und Erwartungen der Lernenden.

In der Didaktik sind der *Umgang mit großen Stoffmengen* und die notwendigen Reduktionsschritte nur selten ein Thema. Dabei argumentieren Lehrende sehr häufig mit den großen Stoffmengen, wenn sie ihre eigene Vortragsdidaktik begründen und erklären, warum was eben «nicht geht». Aus diesem Grunde wäre es sinnvoll, wenn Lehrende über Techniken der Reduktion verfügten. Wer viel Stoff aber wenig Zeit hat, braucht ein passendes *didaktisches Repertoire* für diese Situation. So ließe sich beispielsweise für den Umgang mit großen Stoffmengen fragen: Können Sie eine Fachlandkarte für Ihr Themengebiet erstellen? Sind Sie in der Lage, umfangreiche Inhalte für eine 15-Minuten-Präsentation zu reduzieren? Können Sie Geschichten und Metaphern zu Ihren Inhalten entwickeln? Und natürlich: Welche Inhalte sind für Ihre Zielgruppe wesentlich?

Es gibt sicherlich gute und vielfältige Gründe, warum Fragen der inhaltlichen Aufbereitung und insbesondere der Stoffreduktion in den vergangenen Jahrzehnten nur wenig Aufmerksamkeit erhalten haben. Ein Grund mag auch sein, dass methodische Entwürfe und mediale Neuerungen möglicherweise spektakulärer präsentiert werden als Schemata zur inhaltlichen Analyse und didaktischen Reduktion. Vor der sich bereits jetzt deutlich abzeichnenden Herausforderung – der Aufbereitung von Lerninhalten angesichts großer Stoffmengen und kleiner Zeitbudgets – darf allerdings mit Nachdruck behauptet werden: Die Aufbereitung der Inhalte ist genauso wichtig wie die Wahl der Methoden.

Ihre Aufgabe

Bei der Planung und Durchführung von Lehr-/Lernprozessen stehen derzeit methodische und mediale Überlegungen im Vordergrund.

- Welche Argumente gibt es aus Ihrer Sicht für eine didaktische Trendwende hin zu einer «Neuen Inhaltlichkeit»?
- Welche Instrumente und Techniken nutzen Sie, um Inhalte aufzubereiten? Wie sieht Ihr Repertoire für den Umgang mit großen Stoffmengen aus?

2 Die Vollständigkeitsfalle

2.1 Der übliche Umgang mit großen Stoffmengen: Wie die «Vollständigkeitsfalle» das Handeln einschränkt

Der Physiker und Philosoph Ernst MACH stellte bereits im Jahre 1886 Überlegungen zum Umgang mit großen Stoffmengen und zum exemplarischen Lernen an, die auch heute noch hochaktuell sind: «Ich kenne nichts Schrecklicheres als die armen Menschen, die *zu viel* gelernt haben. Statt des gesunden kräftigen Urteils, welches sich vielleicht eingestellt hätte, wenn sie *nichts* gelernt hätten, schleichen ihre Gedanken ängstlich und hypnotisch einigen Worten, Sätzen und Formeln nach, immer auf denselben Wegen. Was sie besitzen, ist ein Spinnengewebe von Gedanken, zu schwach, um sich darauf zu stützen, aber kompliziert genug, um zu verwirren.»[28]

Bemerkenswert sind auch die «Gedanken zur Lehrweise an Volkshochschulen», die die Wienerin Hilda GEIRINGER 1920 formulierte. Vor 90 Jahren nahm sie das Stoffmengenproblem und die Vollständigkeitsfalle vorweg: «Schlimmer noch ist es, wenn es uns gelingt, einem strebsamen Hörer durch verfehlte oberflächliche Wort- und Vielwisserei unheilbaren intellektuellen Schaden zuzufügen. … In und zwischen diesen beiden Extremen der Abtötung des natürlichen, in jedem Menschen vorhandenen Interesses und der *Überbürdung mit unverdautem Wissensstoff* liegen unsere Hauptgefahren.»[29]

Jürg SCHÜPBACH empfiehlt Lehrenden, den Satz «Wenn wir Zeit hätten, könnten wir noch … Aber dazu reicht die Zeit nicht mehr!» aus dem Repertoire der «jammerhaften Ausreden» zu streichen. Gerade angesichts von Wissensexplosion und Stofffülle ermutigt er die Lehrenden, «vom Kern des Themas her und auf ihn zu planen statt vom Stundenplan her und diesen auf[zu]füllen»[30]. Das *Keine-Zeit-Haben* darf nicht als Gütemerkmal missverstanden werden, und die Qualität der Inhalte sollte vor deren Quantität rangieren.

Ihre Aufgabe

Stoffmenge und Lernqualität hängen voneinander ab. Je größer die Stoffmenge, desto geringer die Lernqualität – und umgekehrt? Ein möglicher Zusammenhang ist in Abbildung 1 dargestellt.

- Wie schätzen Sie den Zusammenhang von Stoffmenge und Lernqualität in Ihrem Fach ein? Stimmt er mit der Grafik überein?
- Wie sehen Sie das Verhältnis in den Randbereichen: Ist die Lernqualität wirklich maximal, wenn die Stoffmenge gegen Null geht? Was lässt sich über die Lernqualität sagen, wenn die Stoffmenge zunimmt?

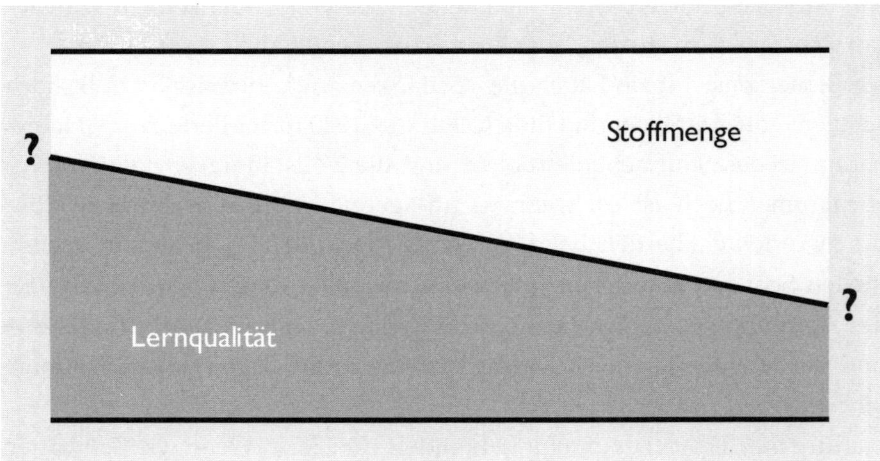

Abbildung 1: Das Verhältnis von Stoffmenge und Lernqualität

Bei mir ist alles wichtig! – Wer will schon von sich behaupten, er verfüge nur über begrenzte Mengen bedeutsamen Wissens? Das kann und darf einfach nicht sein. Um der *Alles-ist-wichtig-Illusion* zu entgehen, hilft ein Blick auf die Ziele einer Lehrveranstaltung. Geht es darum, nachhaltige Lernprozesse anzuregen und zu begleiten? Oder lautet das Ziel, Wissen und fachliche Überlegenheit zu demonstrieren? Natürlich sind dies rhetorische

Fragen, die aber auf den Kern des Problems verweisen. Primär ist es eine Aufgabe der Lehre – jedenfalls in den meisten organisierten Lernprozessen in Schule, Hochschule und Weiterbildung –, Lernaktivitäten zu stimulieren und zu steuern. Wenn es den Lehrenden dabei gelingt, kompetent zu sein, so ist dies eine erfreuliche Begleiterscheinung.

Wer sich für *Weniger-ist-mehr* in seiner Lehre entscheidet und Inhalte gezielt auswählt, der kann mit dem Nebeneffekt rechnen, dass die Lernenden dieses Vorgehen als hilfreich und ihr eigenes Lernen eher als leicht denn als schwierig einschätzen. Die heimliche Botschaft lautet in diesem Fall: «Lernen ist bei mir etwas, was leicht von der Hand geht.» Ein solches Vorgehen ist keineswegs banal. Wie heißt es doch in einem Brief von GOETHE an seine Schwester: «Da ich keine Zeit habe, Dir einen kurzen Brief zu schreiben, schreibe ich Dir einen langen.»[31]

Ihre Aufgabe

Unternehmer zahlen für einfache Ideen nicht viel. Wenn es so einfach wäre, könnten es die Firmen ja selbst machen. Das behauptet jedenfalls der Unternehmensberater Jack TROUT in seinem Buch *Die Macht des Einfachen.* Ein so genanntes *Impression Management* ist die Folge – das Nichts wird bedeutungsschwer aufgebläht.

- Haben Sie in Ihrer Lehrpraxis auch schon *Impression Management* betrieben? Welche Inhalte haben sie auf welche Weise «aufgebläht»?
- Woran erkennen Sie, ob jemand die Kunst des Weniger-ist-Mehr beherrscht? Kennen Sie solche Personen?

Inhalte auf den Punkt zu bringen ist eine hohe Kunst. Wer sich dafür entscheidet, seine Inhalte in einer *im positiven Sinne einfachen Form* zu vermitteln, Wesentliches von Unwesentlichem zu trennen und bestimmte Themenfelder bewusst nicht anzusprechen, läuft allerdings Gefahr, dass ihm Vereinfachung und Simplifizierung vorgehalten werden. Umgekehrt ist es möglich, dass komplizierte Gedankengebäude und ein verworrenes Vorgehen als Ausweis höchster Fachlichkeit gelten. Die Ängste, für einfältig gehalten zu werden, hat Jack WELCH in einem Plädoyer für eine einfache Sprache in Management benannt:

> *«Unsichere Manager schaffen Komplexität um sich herum. Verängstigte, nervöse Manager benutzen dicke, übervolle Planungsbücher und komplizierte Diabilder, auf denen alles dargestellt ist, was sie seit ihrer Kindheit gelernt haben. Echte Führungskräfte geben sich mit so etwas nicht ab. Man muss das Selbstbewusstsein haben, sich klar und präzise auszudrücken, damit man sicher sein kann, dass jeder in der Organisation, von oben bis unten, versteht, was das Unternehmen erreichen will. Das ist jedoch nicht einfach. Sie können sich vorstellen, wie schwer es den Menschen fällt, sich einfach auszudrücken, wie sehr sie sich davor fürchten, einfach zu sein. Sie haben Angst, für einfältig gehalten zu werden, wenn sie sich einfach geben. In Wirklichkeit gilt natürlich das Gegenteil. Klare, entschlossene Menschen sind die einfachsten.»*[32]

Um der Vollständigkeitsfalle zu entgehen, empfiehlt sich eine Haltung des Weniger-ist-mehr. Einen ähnlichen Gedanken hat auch Antoine de SAINT-EXUPÉRY vorgetragen: «Ein Text ist nicht dann vollkommen, wenn man nichts mehr hinzufügen kann, sondern dann, wenn man nichts mehr weglassen kann.» Dass die Vollständigkeit der Lehre häufig in bester Absicht entsteht, hat ein Kollege bei der Entwicklung seines Studiengangs beschrieben: «Wir haben unsere Unterlagen für die Fernlehre Jahr für Jahr verbessert. Sie sind detaillierter und vollständiger geworden. Nach fünf Jahren hat sich der Umfang fast verdoppelt. Für die Lehre sind die heutigen Unterlagen – so befürchte ich – weniger gut. Man könnte sie auch *übervollständig* nennen.»

2.2 Gründlichkeit und Vollständigkeit: Von den Grenzen der Fachsystematik

«Gerade, indem er sich an die Systematik klammert, begräbt er sie, und verstopft den Durchblick. Er verwechselt Systematik des Stoffes mit Systematik des Denkens.»[33] Martin WAGENSCHEIN, ein Pionier auf dem Gebiet der großen Stoffmengen und der didaktischen Reduktion, unterscheidet zwei didaktische Herangehensweisen, die sich mit den Begriffen Vollständigkeit und Gründlichkeit gut etikettieren lassen:

- *Vollständigkeit:* Wer mit dem Anspruch auf Vollständigkeit unterrichtet, der orientiert sich quantitativ. Je mehr Stoff, desto besser. Dieser enzyklopädische Ansatz ist meistens *fachsystematisch* oder chronologisch ausgerichtet. Fachsystematisch zu lernen heißt, einer im Nachhinein entstandenen Ordnungsstruktur zu folgen, nicht aber den typischen – meist historisch gewachsenen – Fragestellungen und Problemen des jeweiligen Fachs.
- *Gründlichkeit:* Wer die Idee der Gründlichkeit in seiner Lehre umsetzt, beschreibt das Wesentliche des Stoffes: den fachlichen Kern und das zentrale Anliegen. Gründlich zu lehren bedeutet, sich weniger an fachlichem Wissen auszurichten und dafür mehr *fachliches Denken* und fachtypisches Lernen ins Spiel zu bringen. Gründlichkeit setzt auf exemplarisches Lernen und fachliche Prototypen.

Ihre Aufgabe

In den Schulfächern Geschichte und Geografie ist der Anreiz, vollständig statt gründlich zu lehren, besonders groß.

- Geschichte wird häufig chronologisch gelehrt: von der Altsteinzeit über das Mittelalter hin zur Neuzeit. Welche Möglichkeiten sehen Sie, dieses Vorgehen zu modifizieren oder zu ergänzen?
- Geografie bietet eine große Menge an Faktenwissen: von den zehn höchsten Bergen der Erde über die bevölkerungsreichsten Länder bis zu den größten Erdölexporten. Wie lässt sich in Geografie gründlich lehren und lernen?

Gründliches Lernen folgt der Strategie des Weniger-ist-mehr und hilft, *Erkenntnis zu verdichten.* Wenn nicht mehr alles «irgendwie» wichtig ist, dann lassen sich Unterschiede ausmachen. Bestimmte Aspekte sind für die Ziele der Lernenden zentral, andere sind eher Beiwerk. Bestimmte Inhalte bestimmen das jeweilige Fachgebiet, andere sind eher ergänzend zu sehen. Ein ähnlicher Ansatz findet sich bereits im 13. Jahrhundert bei William von OCKHAM. Sein bekanntes Ökonomieprinzip, das auch unter dem Namen «Ockhams Rasiermesser» bekannt ist, lautet: «Eine Vielheit ist ohne Notwendigkeit nicht zu setzen» *(pluralitas non est ponenda sine necessitate).*[34] Sinngemäß lautet die didaktische Devise: Gründlichkeit vor Vollständigkeit.

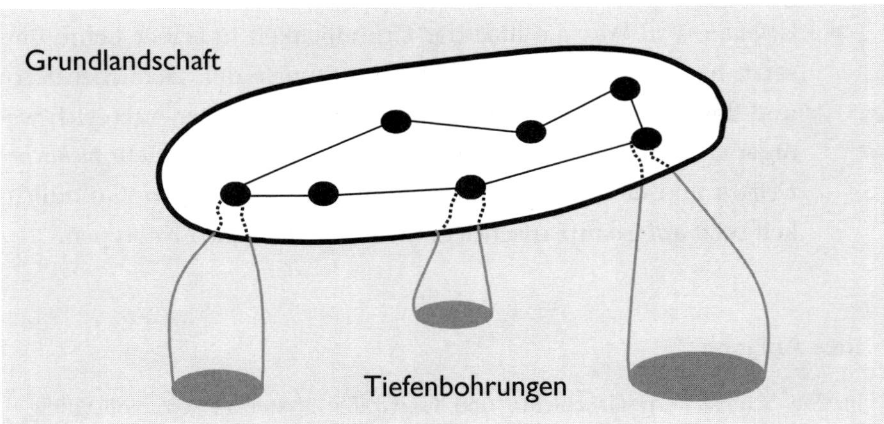

Abbildung 2: Grundlandschaften und Tiefenbohrungen

Den Zusammenhang zwischen dem Kern eines Stoffes und den vielen Details hat Martin WAGENSCHEIN in seinem Bild von der *Grundlandschaft* und den *Tiefenbohrungen* dargestellt. Die Grundlandschaft steht für den Überblick und das Ganze, die Tiefenbohrungen für sorgfältige Vertiefungen und die intensive Auseinandersetzung mit dem Einzelnen und Wesentlichen. So, wie der Grundlandschaft das Verbindende und Allgemeine anhaftet, stehen die Tiefenbohrungen als Muster, Vorbild oder Modell für etwas Fachtypisches. Zu den exemplarischen Tiefenbohrungen erläutert WAGENSCHEIN: «Die Beziehung, die das Einzelne hier zum Ganzen hat, ist nicht die des Teiles, der Stufe, der Vorstufe, sondern sie ist von der Art des Schwerpunktes, der zwar einer ist, in dem aber das Ganze getragen wird. Dieses Einzelne häuft nicht, es trägt, es erhellt; es leitet nicht fort, sondern es strahlt an. Es erregt das Fernere, doch Verwandte durch Resonanz.»[35].

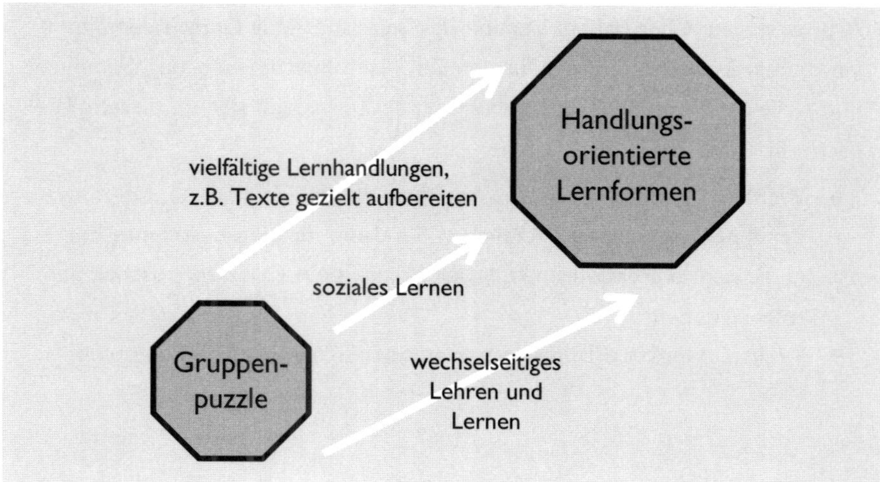

Abbildung 3: Das Gruppenpuzzle als Prototyp für handlungsorientiertes Lernen

Was heißt es nun praktisch, gründlich zu lehren – mit Grundlandschaft und Tiefenbohrungen? Will ich etwas über die Inhalte – beispielsweise Differentialgleichungen – berichten, so hilft eine *Fachlandkarte* dieses Gebiets. Die Fachlandkarte gibt eine Übersicht über die verschiedenen Arten von Differentialgleichungen. Im Idealfall ist nachvollziehbar, welche Art von Differentialgleichung für welches Problem anwendbar ist. Das Thema besteht aber nicht nur aus Differentialgleichungen, sondern auch aus einem «Denken in Differentialgleichungen». Zur *Grundlandschaft* gehört sowohl die fachliche Orientierung – was gibt es für wichtige Bereiche? – als auch das fachliche Denken – wie setze ich Differentialgleichungen ein? *Tiefenbohrungen* gibt es wenige: Drei prototypische Differentialgleichungen werden vorgestellt – jede steht für eine bestimmte Kategorie von Differentialgleichungen.

Ihre Aufgabe

Die musikalischen Grundideen des Cool Jazz können Sie deutlich machen, indem Sie exemplarisch einen Künstler, vielleicht sogar nur einen Titel dieser Ära vorstellen. Chet Bakers Version des Standards «My funny Valentine» ist ein charakteristisches Beispiel für den Cool Jazz. Instrumentierung, Stimmung und vielleicht sogar das Lebensgefühl dieser Zeit lassen sich an diesem Titel nachvollziehen.

- Wählen Sie einen künstlerischen Bereich (Musik, Malerei, Literatur), der Ihnen vertraut ist. Versuchen Sie dann, für eine bestimmte Phase (z. B. den Expressionismus in der Malerei) ein charakteristisches Beispiel zu finden.
- Welche Aspekte erläutern Sie exemplarisch anhand dieses Beispiels?

Ihre Aufgabe

Martin WAGENSCHEIN hat die «Systematik des Stoffes» von der «Systematik des Denkens» unterschieden. Beziehen Sie diese Unterscheidung einmal auf Ihr Fachgebiet und überlegen Sie:

- Was heißt «fachliches Denken» für mich und mein Fach?
- Wie kann ich dieses «fachliche Denken» trainieren? Welche Art von Wissen und Können müssen die Lernenden dafür erwerben?

Am Beispiel des E-Learning lassen sich Vollständigkeit und Gründlichkeit ebenfalls verdeutlichen. Der scheinbare Vorteil elektronischer Medien, große Informationsmengen zu speichern, kann sich leicht in einen Nachteil verkehren. Wenn E-Learning *nur* bedeutet, riesige Mengen an Stoff elektronisch verfügbar zu machen und dabei dem Ideal der Vollständigkeit zu frönen, dann fördert dies keine nachhaltigen Lernprozesse. Eine derartige

«*Informationssoße*» verwirrt eher, als dass sie dazu beiträgt, individuelle Wissensstrukturen aufzubauen. Sinnvolles E-Learning bietet Struktur und Orientierung, es hilft den Lernenden, das Wesentliche des Stoffes zu erkennen und es sich individuell anzueignen.

Ihre Aufgabe

Christoph BIERMANN hat in seinem Buch «Fast alles über Fußball» fast alles über Fußball zusammengetragen. Dort findet man neben den Herbstmeistern, die nicht Meister wurden, auch die Spieler mit den meisten Eigentoren in der deutschen Bundesliga und die Trainerstationen von Rudi Gutendorf. Hier geht es nicht um Gründlichkeit und das Wesentliche, sondern um die Freude am Thema. Wie schreibt der Autor doch: Das Buch «versammelt die schönsten Mitbringsel von meiner Reise an die Ränder dessen, was man noch wissen möchte.»[36]

- In welchen Themengebieten interessieren Sie sich nicht nur für das so genannte Wesentliche, sondern mit großer Freude auch für die Ausnahmen und Details?
- Wie können Sie Ihre Begeisterung für ein Thema didaktisch nutzen?

Den Unterschied zwischen Vollständigkeit und Gründlichkeit durfte ich auch in einem Museum erleben. Bei einem Besuch meiner Heimatstadt Berlin wollte ich einer Familie das Museum für Verkehr und Technik zeigen, in dem ich mit meinen Kindern oft gewesen bin. Vor lauter Begeisterung begann ich, in einem wahnsinnigen Tempo von einem Punkt des Museums zu einem anderen zu eilen: erst die Lokomotiven, dann die optischen Experimente, zwischendurch die Hexenschaukel und zum Abschluss der Rosinenbomber aus der Zeit der Berlin-Blockade. Ich war – ohne es zu merken – in eine Art *Vollständigkeitstrance* gefallen. Besser wäre es gewesen – das weiß ich jetzt –, an vielleicht drei ausgewählten Punkten zu verweilen: die BR 52 als Prototyp einer Dampflokomotive, das Spiegelzimmer als Beispiel für optische Experimente und die Pendelschaukel, an der sich einfache mechanische Gesetze wahrnehmen lassen. So wäre aus einem Weniger ein Mehr geworden.

2.3 Reduktion auf Vollständigkeit: Wie die Weniger-ist-mehr-Philosophie zu neuen Einsichten führt

«*Well, less is more, Lucrezia: I am judged*», heißt es in Robert BROWNINGS Gedicht «Andrea del Sarto» aus dem Jahr 1855. Der Ursprung dieses geflügelten Wortes ist allerdings nicht genau auszumachen. Bereits im 6. Jahrhundert v. Chr. sagte der chinesische Gelehrte LAO TSE: «In Einfachheit und Veredelung liegt Reichtum.» Häufig wird das Weniger-ist-mehr-Zitat dem Architekten Mies van der ROHE zugeschrieben. Durch ihn hat dieser Ausspruch die Bedeutung erlangt, die er heute im Design und in der Architektur hat.[37]

Die «Weniger ist mehr»-Philosophie findet sich in unterschiedlichen Lebensbereichen. Der Satz «Klugheit ist die Kunst, zu erkennen, was man übersehen muss», wird dem pragmatischen Philosophen William JAMES zugeschrieben. Bei der Modeschöpferin Coco CHANEL klingt dies dann so: «Lebenskunst ist die Kunst des richtigen Weglassens, das fängt beim Reden an und hört beim Dekolleté auf.»

Das *Weglassen* fällt umso leichter, je weniger inhaltliche Nähe eine Person zum jeweiligen Thema hat. Ich erinnere mich an ein Seminar, in dem eine junge Mitarbeiterin aus einer Berliner Senatsbehörde von ihren Kommunikationsaufgaben berichtete. Sie müsse bestimmte Projekte ihrer Senatsabteilung der Öffentlichkeit vorstellen – in Radiointerviews habe sie dazu 60 Sekunden Zeit, und dies sei unmöglich. Wir baten sie um ein Beispiel, und sie begann zu erzählen: «Also, da hat der Staatssekretär die Idee gehabt, dies und das zu tun. Eine Arbeitsgruppe wurde aufgesetzt. Zu klären war insbesondere, ob es Richtung A oder B gehen solle ...»

Schnell waren die 60 Sekunden vorbei, und die junge Mitarbeiterin fühlte sich bestätigt. In einer Minute lässt sich das nicht «rüberbringen». Die anderen Teilnehmer sahen das allerdings nicht so. Für sie ließ sich die Botschaft durchaus bündeln: «Das Projekt X startet am 3. des kommenden

Monats, es geht um Y, und wenn Sie nähere Informationen haben wollen, wenden Sie sich bitte an Z.» Alles andere war ihrer Auffassung nach Beiwerk. Wer das Projekt wann mit wem und unter welchen Umständen angestoßen hatte, war für sie nicht von Interesse.

Dieses Vorgehen lässt sich am Beispiel eines Blumenstraußes nachvollziehen. Wer seiner Liebsten Blumen mitbringen möchte, der pflückt auch nicht den ganzen Garten, sondern wählt einige Blumen aus – meistens die schönsten oder auffälligsten. Die Blumen werden dann mit etwas Grün verziert und geschmackvoll arrangiert. Bei Walter UMSTÄTTER heißt diese Form der didaktischen Reduktion «Biologisches Lernen».[38]

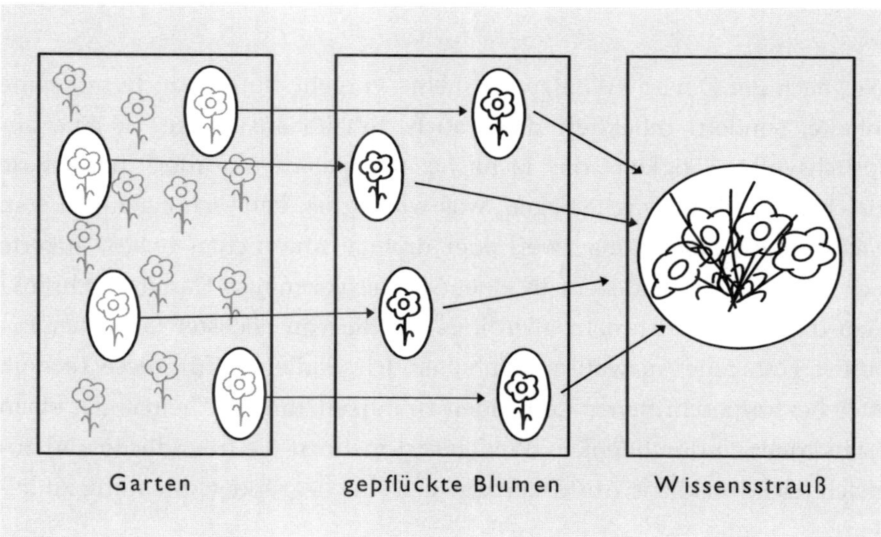

Abbildung 4: Die Blumenstraußtechnik

Für jedes Thema gilt nun: Die Inhalte lassen sich in unterschiedlich starker Konzentration anbieten. Stehen *Lernziele, Zeitbudget und Zielgruppe* fest, so ist anschließend die *richtige inhaltliche «Dosis»* zu finden. Bei anderen Rahmenbedingungen ändert sich auch die «Dosis». Grundsätzlich geht es darum, Inhalte unterschiedlich stark zu konzentrieren und eine Auswahl der wesentlichen Inhalte und Aussagen vorzunehmen. Die *3Z-Formel* und die *Blumenstrauß-Technik* helfen dabei.

Ihre Aufgabe

Die Blumenstraußtechnik kann Sie dabei unterstützen, die Weniger-ist-mehr-Idee für Ihre Inhalte umzusetzen.

- Versuchen Sie einmal, einen Blumenstrauß mit Ihren Inhalten zu binden.
- Welche Blumen pflücken Sie, warum gerade diese? Und auf welche Weise stellen Sie sie zusammen?

Wer nach der Devise «Weniger ist mehr» vorgeht, bündelt nicht nur seine Inhalte, sondern reflektiert diese auch. Inhalte auswählen ist eine anspruchsvolle Tätigkeit, die fachliche Kompetenz erfordert und diese gleichzeitig voranbringt. «Sagen, was wichtig ist, kann ich eigentlich erst, nachdem ich das Thema zwei- oder dreimal unterrichtet habe», äußerte sich ein Universitätsdozent in einem Didaktikseminar. Damit beschränkt man das Weniger-ist-mehr allerdings auf die von höchster fachlicher Expertise getragene Auswahl von Inhalten. Ich plädiere dafür, diese Technik auch bei fortgeschrittenen Lernenden zu nutzen, um ein Thema oder einen Sachverhalt zu durchdenken. Weniger-ist-mehr ist die freundliche und zugleich nachdrückliche Aufforderung, sich eine begründete Meinung zu bilden.

Ihre Aufgabe

Sie wollen einer neuen Reinigungskraft erklären, nach welchen Standards Ihre Wohnung sauber gemacht werden soll. Am Beispiel Ihres Kühlschranks erläutern Sie, «worauf es ankommt».

- Was genau erläutern Sie? Warum?

Ausdrücklich möchte ich an dieser Stelle darauf hinweisen, dass eine gute Lehre nicht nur aus «Weglassen» besteht. Es gilt zwar «Gründlichkeit vor Vollständigkeit», aber es kann in Lernprozessen sehr wohl notwendig sein, sich dem Ideal der Vollständigkeit zu nähern. Wer sich als Biologe mit der Welt der Schmetterlinge beschäftigt, für den wird es hilfreich sein, möglichst viele davon auch zu kennen. Und wer Basketball spielen will, der kann sich nicht mit drei ausgewählten Spielregeln zufrieden geben. Gerade an diesen Beispielen lässt sich nachvollziehen, dass Weniger-ist-mehr ein didaktisches Prinzip ist, mit Hilfe dessen gelehrt und gelernt wird. Mit dem Weniger-ist-mehr kann man sich durchaus in Richtung Vollständigkeit bewegen.

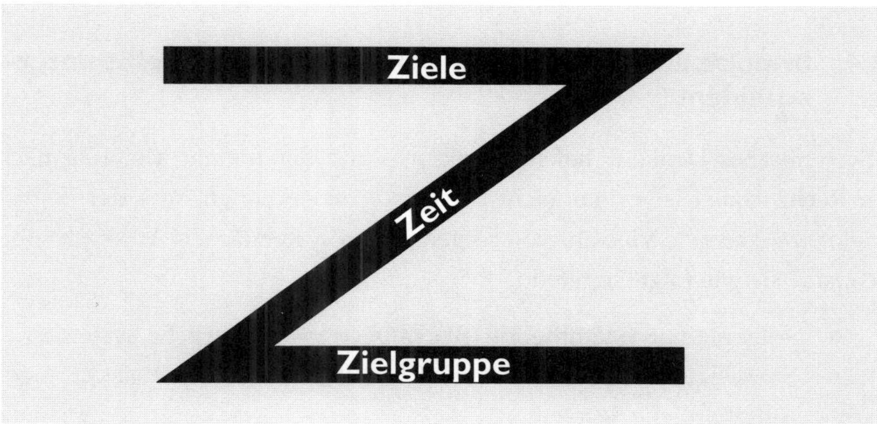

Abbildung 5: Die 3Z-Formel

Dass sich das Weglassen und die Vollständigkeit nicht ausschließen, darauf hat Klaus W. DÖRING mit der scheinbar paradoxen Formulierung der «Reduktion auf Vollständigkeit»[39] hingewiesen. Wer die wesentlichen Aspekte eines Themas auswählt, kann dies so tun, dass sich das Thema als Ganzes darin spiegelt. Zudem lassen sich exemplarische Beispiele so bestimmen, dass sie im Einzelnen stellvertretend das Ganze abbilden. Ein Fall für den von der französischen Kriminalautorin Chantal PELLETIER geschaffenen Kommissar Maurice Laice, den seine Chefin nur «More is less» nennt.[40]

Ihre Aufgabe

In der Organisationsentwicklung gibt es mehrere Prinzipien für ein erfolgreiches Management von Veränderungen. Alle Prinzipien sind auf ihre Art «richtig». Wenn Sie ein Hauptprinzip bestimmen müssten: Welches der genannten Prinzipien wählen Sie und warum? Hier sind drei dieser Prinzipien:

- Beteiligung der Betroffenen
- Hilfe zur Selbsthilfe
- Keine Maßnahme ohne Diagnose

2.4 Impulse aus der Systemtheorie: Reduzieren heißt unterscheiden!

«Systemisches Denken» hat Konjunktur – und das meiner Meinung nach zu Recht. Dabei ist es gar nicht so einfach zu erkennen, was der Begriff meint, weil es eine Vielzahl von so genannten systemischen Ansätzen gibt. Ich habe sie wie folgt eingeteilt:

- Allgemeine Systemtheorie (BERTALANFFY) → natürliche Systeme
- Soziologische Systemtheorien (PARSONS, LUHMANN, WILLKE) → gesellschaftliche Systeme
- Biokybernetischer Ansatz (VESTER) → urbane Großsysteme
- Sozio-technischer Ansatz (BEER, ULRICH, PROBST, GOMEZ) → wirtschaftliche Systeme
- Systemische Familientherapie (BATESON, SELVINI-PALAZZOLI, Heidelberger/Wiener Gruppe, KÖNIG/VOLMER) → soziale Systeme
- «System Dynamics»- Ansatz (FORRESTER, STERMAN)

Diese Übersicht lässt bereits ahnen, dass ein gemeinsamer Nenner nicht so leicht zu finden ist. Zusammen mit Falko WILMS habe ich den Vorschlag unterbreitet, zwei Formen des systemischen Denkens zu unterscheiden:

- Denken in Zusammenhängen und
- Denken in Unterschieden.[41]

Dies ist der Versuch, den Kern des systemischen Denkens herauszuschälen und damit der Vollständigkeitsfalle zu entgehen. Die Rückmeldungen haben uns bestätigt, dass dies ein gangbarer Weg sein kann. Vorsichtige Kritik kam nur von einem Puristen des Systemansatzes: «Einfach und verständlich» seien die Dinge dargestellt, aber oft auch «simplifiziert». Dies ist ein fast schon klassisch zu nennendes Phänomen: Je mehr Expertise vorhanden ist, desto schwerer fällt es, zuzulassen, dass Inhalte verdichtet und damit «auf den Punkt gebracht» werden. Vielleicht ist hilfreich, den didaktischen Kunstgriff des Weniger-ist-mehr als eine mögliche Herangehensweise an die Dinge zu sehen, eine andere Herangehensweise betont eher die Vollständigkeit der Darstellung.

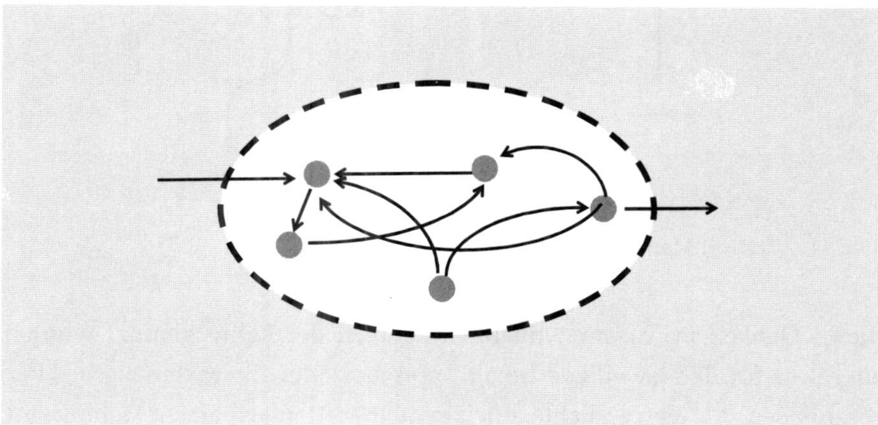

Abbildung 6: Denken in Zusammenhängen

In Zusammenhängen zu denken heißt, zu fragen, welche Einflussfaktoren es bei einem bestimmten System gibt und auf welche Weise diese Faktoren zusammenwirken. Sind die Wirkungen stark oder schwach, direkt oder indirekt, verzögert oder unmittelbar? Wie reagiert das gesamte System auf bestimmte Ereignisse? Welche Möglichkeiten gibt es, das System zu «verstören»? Welche Muster lassen sich ausmachen, und wie kann ich diese Muster für Interventionen «nutzen»?

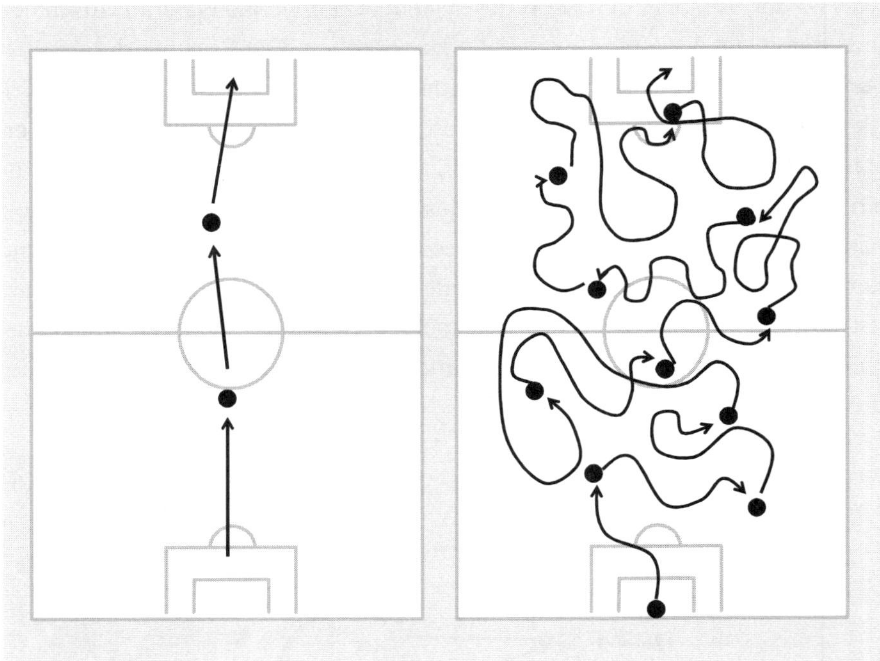

Abbildung 7: Zwei Mannschaften – zwei Systeme

Dieses Denken in Zusammenhängen kann in der Lehre genutzt werden, um etwas für den jeweiligen Inhalt Typisches oder Charakteristisches hervorzuheben. Als ich versuchte, mich in meiner (damals) neuen Heimatstadt Wien mit Hilfe des Stadtplans zu orientieren, war ich zu Beginn ziemlich verunsichert. Eine Vielzahl von Straßen und Gassen, die in allen möglichen Winkeln aneinander stoßen, war zunächst nicht sehr ermutigend. Hilfreich hingegen war es, zu erfahren, dass man sich an zwei Straßen gut orientieren kann: am Ring und am Gürtel. Der Ring begrenzt die Innere Stadt, den 1. Wiener Bezirk, der Gürtel die so genannten Innenstadtbezirke 3 bis 9. Mit dieser Information weiß der Wien-Neuling zwar noch nicht alles, aber er kann sich zumindest halbwegs gut orientieren und neue Informationen gut zu- und einordnen. Mit seiner Freude über dieses erste Aha-Erlebnis sollte man sich gegenüber Wien-Kennern allerdings zurückhalten. Denn Sie können sicher davon ausgehen: So einfach kann es ja nicht sein.

Ihre Aufgabe

In Abbildung 7 sehen Sie die Spielsysteme zweier Fußballnationalteams zur Zeit der Weltmeisterschaft 2002. Die Namen der einzelnen Spieler sind unerheblich, denn bereits an der Art des Zusammenspiels lässt sich recht gut erkennen, um welche Mannschaften es sich vermutlich handelt.

- Welche Nationalteams spielen hier? Woran erkennen Sie dies?[42]
- Lassen sich solche Muster auch in anderen Lebensbereichen ausmachen, und wie sehen diese gegebenenfalls aus?

In Unterschieden zu denken heißt, so wahrzunehmen, dass nicht nur das Gemeinsame einer Menge an Aspekten oder Aussagen betrachtet wird, sondern vor allem die möglichen Unterschiede. Wer zehn Argumente für die innerbetriebliche Personalbeschaffung aufstellt, kann sich überlegen, wo es Unterschiede gibt. Sind bestimmte Argumente wichtiger als andere in Hinblick auf das Ziel der Organisation? Und wer sich zwischen Wiener Schnitzel, Blunzeng'röstl und frischen Eierschwammerln entscheiden muss, der denkt auch in Unterschieden.

Das Denken in Unterschieden ist auch in der Lehre nützlich. Welche meiner Inhalte sind wesentlich und welche unwesentlich? Bezogen auf eine Lerngruppe, ein Ziel des Lernens und ein Zeitbudget. Ein englisches Vokabular kann ich erst dann als wesentlich ausweisen, wenn ich weiß, mit welchen Vorkenntnissen die Teilnehmer kommen, um in welcher Zeit welches persönliche Lernziel zu erreichen. Gleiches gilt für das Erlernen von Techniken der Kommunikation.

Werden diese Unterschiede nicht gemacht, wird also nichts als wesentlich ausgewiesen, dann stellt sich ein Phänomen ein, das in anderen Bereichen als eines der PARKINSONschen Prinzipien[43] bekannt ist. Ursprünglich lautet es: «Arbeit dehnt sich immer so aus, wie Zeit für ihre Erledigung zur Verfügung steht.» Übertragen auf die Lehre könnte man formulieren: «Inhalte dehnen sich immer so aus, wie Zeit für ihre Vermittlung zur Verfügung steht.» Gerade weil dies so ist, müssen Unterschiede gemacht werden. *Vive la différence!*

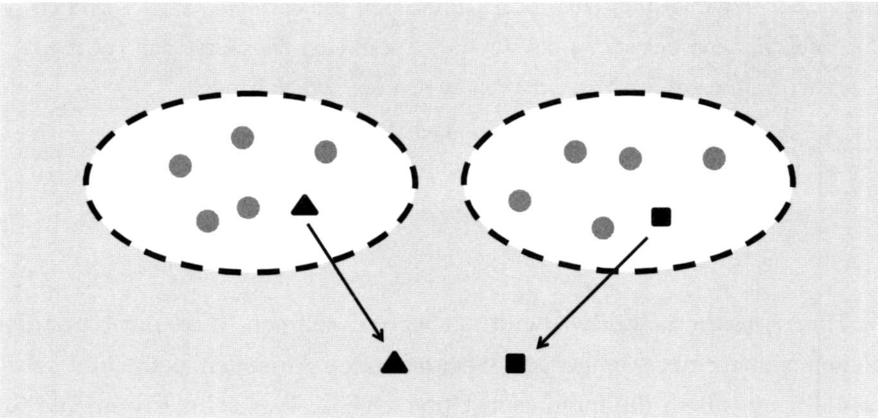

Abbildung 8: Denken in Unterschieden

2.5 Beispiel «Kaffee-ABC»: 1. Teil

In einer kleinen Broschüre der Wiener Kaffeehäuser, dem so genannten «Kaffee-ABC», sind 16 österreichische Kaffeespezialitäten beschrieben. Die Angaben umfassen jeweils ein oder zwei Zeilen, sind also wahrhaft kurz.

Angenommen, Sie haben die Aufgabe, diesen Stoff in *fünf Minuten* zu vermitteln – wie gehen Sie dabei vor? Was «bringen» Sie und was nicht?

Welche Vorgehensweise wählen Sie? Bevor Sie sich in irgendeiner Weise entscheiden, empfehle ich Ihnen, den Inhalt der Broschüre zunächst ein wenig kennen zu lernen.[44]

Wiener Kaffeesorten

Kaffeehaus ist überall. So lautet ein Kapitel in Friedrich TORBERGS legendärem Buch «Die Tante Jolesch», das sehr gut die Bedeutung des «Wiener Kaffeehauses» beschreibt. Im 19. Jahrhundert breitete sich dieser Kaffeehaustyp in alle österreichischen Länder aus, so dass aus dem Wiener Kaffeehaus eine österreichische Institution wurde. Eine Institution, deren klassische Kaffeespezialitäten in ihrer Vielfalt und Raffinesse weltweit einzigartig sind.

- *Kleiner Schwarzer:* Ein Mokka in kleiner Schale, auf Wunsch auch «kurz» serviert
- *Kleiner Brauner:* Ein Mokka in kleiner Schale mit Kaffeeobers serviert
- *Großer Brauner:* Ein doppelter Mokka in größerer Schale mit Kaffeeobers serviert
- *Großer Schwarzer:* Ein doppelter Mokka in größerer Schale, auf Wunsch auch «kurz» serviert
- *Melange*: Ein Mokka, etwas verlängert, mit warmer Milch versetzt und Milchschaumhaube; in großer Schale serviert
- *Franziskaner:* Eine Melange mit Schlagobers – statt Milchschaumhaube
- *Kaffee verkehrt*: Ein Mokka mit sehr viel Milch; ein heller Milchkaffee
- *Kleine Schale Gold*: Ein Mokka mit heißer Milch aufgegossen und Milchschaumhaube, in einer kleinen Schale serviert
- *Verlängerter Brauner:* Ein Mokka in einer großen Schale mit heißem Wasser aufgegossen und einem Schuss Kaffeeobers
- *Verlängerter Schwarzer:* Ein Mokka in einer großen Schale mit heißem Wasser aufgegossen
- *Kapuziner:* Ein doppelter Mokka mit Schlagobers
- *Einspänner:* Ein Mokka mit aufgesetztem Schlagobers; in einem Einspännerglas, mit Staubzucker extra serviert

- *Obermayer:* Ein doppelter Mokka, auf den sehr kaltes flüssiges Obers mittels eines umgedrehten Kaffeelöffels aufgesetzt wird
- *Überstürzter Neumann:* In eine leere Kaffeeschale kommt Schlagobers, das dann mit einem doppelten Mokka «überstürzt» wird
- *Maria Theresia:* Ein doppelter Mokka mit einem Schuss Orangenlikör und Schlagobers, im Glas serviert
- *Fiaker:* Ein Mokka mit einem kleinen Rum, heiß serviert

Welchen Eindruck haben Sie gewonnen? Sind die Inhalte für Sie leicht oder schwer verständlich? Ist das Thema für Sie greifbar und vertraut? Erkennen Sie eine Struktur, oder bleibt ein diffuser Eindruck? Eines lässt sich mit Sicherheit festhalten: Die Kaffeespezialitäten ähneln sich von den Zutaten und der Zubereitung her, so dass sie nicht unbedingt leicht voneinander zu unterscheiden sind.

Die Gefahr, in die Vollständigkeitsfalle zu tappen, gibt es also auch hier. Entsprechende Formulierungen lauten beispielsweise: «Den Obermayer hab ich nicht geschafft.» – «Nach dem Kapuziner und dem Einspänner hab ich mit den Exoten aufhören müssen.» – «Eigentlich hätte ich ja auch noch den *Mazagran* und den *Cappuccino* bringen müssen, aber die waren ja gar nicht auf der Liste.»

Ihre Aufgabe

So, jetzt überlegen Sie sich bitte eine Strategie der Vermittlung für die Kaffeespezialitäten. Später stehen Ihnen dann *fünf Minuten* mit den Lernenden zur Verfügung:

- Wie gehen Sie didaktisch vor?
- Was «bringen» Sie und was nicht?

Die Stoffmengenproblematik verschärft sich, je länger jemand als Experte unterwegs ist. Es entsteht ein *Expertendilemma*: Je mehr Expertise vorhanden ist, desto schwerer ist es, gefühlsmäßig zuzulassen, dass Inhalte verdichtet und «auf den Punkt gebracht» werden. Je mehr Sie über Kaffee wissen, desto schwerer wird es Ihnen fallen, die Inhalte zu bündeln. Außerdem werden Ihnen mit Sicherheit noch viele interessante Dinge einfallen, z. B. dass der Name *Cappuccino* wahrscheinlich vom *Kapuziner* abstammt? Übrigens um 1850 in Mailand entstanden …

Das Beispiel wird im nächsten Kapitel fortgeführt. Dort erfahren Sie auch, was es für mögliche Vorgehensweisen gibt. Bis dahin wünsche ich Ihnen viel Vergnügen mit «Viel Stoff – wenig Zeit».

3 Stoffmengen konzentrieren

3.1 Die «Siebe der Reduktion» und der «Substanzcheck»: Weniger-ist-mehr in der Praxis

Was hat die Aufbereitung von Erdöl mit der von Lerninhalten zu tun? Nun, Erdöl ist ein Gemisch von Flüssigkeiten, die man durch ein technisches Verfahren voneinander trennen kann. Das Verfahren heißt fraktionierte Destillation und beruht darauf, dass die einzelnen Flüssigkeiten verschiedene Siedepunkte haben. So wird Leichtbenzin bei 150° C ausgeschieden, Petroleum bei 200° C, Heizöl bei 300° C und Schweröl bei 370° C. Wenn man sich die hohen Rohrtürme einer Erdölraffinerie anschaut, kann man diese einzelnen Bereiche, die Fraktionen, meist gut erkennen. Denkbar wäre es, Inhalte ähnlich aufzubereiten. Die fraktionierte Destillation von Lerninhalten ergäbe dann verschiedene inhaltliche Fraktionen, abhängig vom «Siedepunkt» der einzelnen Inhalte.

Ein anderes Bild für die Konzentration von Lerninhalten ist das der Siebe. Mit unterschiedlich feinen Sieben lässt sich Sand verschiedenster Körnung trennen. Durch ein grobes Sieb fällt fast alles hindurch, übrig bleiben nur wenige Sandkörner. Ein feines Sieb hingegen hält den Großteil des Sandes zurück. Die *Siebe der Reduktion* kann man sich gut vorstellen, indem man die Feinheit des Gitters mit der verfügbaren Zeit in Verbindung bringt:

- Mit welchen Inhalten arbeite ich, wenn mir für deren Vermittlung nur 15 Minuten zur Verfügung stehen?
- Was «bringe» ich, wenn ich zwei Stunden Zeit nutzen kann?
- Was habe ich «im Angebot», wenn zwei Tage für die Lernprozesse vorgesehen sind?

Dieses Vorgehen hilft dabei, die eigenen Inhalte in Hinblick auf einen bestimmten Kreis von Lernenden zu durchdenken:

- Was ist besonders wichtig für diese Lerngruppe? Warum wähle ich genau diese Inhalte?
- Was sollen die Lernenden nach der Veranstaltung können? Geht es um den Aufbau von Wissen oder von Fähigkeiten oder um beides?

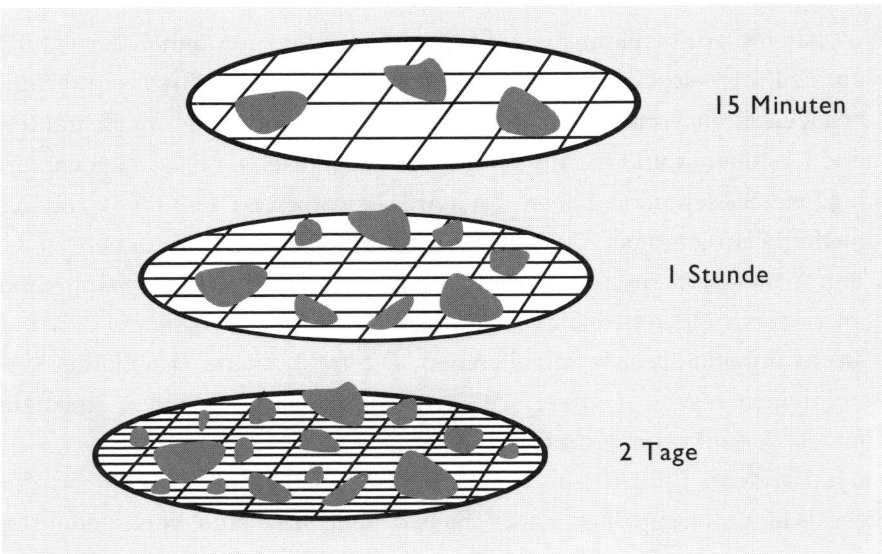

Abbildung 9: Die Siebe der Reduktion

Die Siebe der Reduktion auf die eigenen Inhalte anzuwenden ist anspruchsvoll. Dies liegt auch daran, dass das Vorgehen wenig üblich ist. Fachleute sind in der Regel gewohnt, ihre große Menge an Wissen und Fähigkeiten weiter anzureichern. Demgegenüber ist es ungewohnt, die eigenen Inhalte unterschiedlich stark zu konzentrieren. Meiner Erfahrung nach hilft diese Übung den lehrenden Fachleuten dabei, einen didaktischen Blick zu entwickeln. Eine Konzentration der Inhalte ist immer auch die Herausforderung, fachliches Denken in einer neuen Weise zu praktizieren und sich dabei selbst fachlich weiterzuentwickeln.

Damit die Arbeit mit den Sieben der Reduktion ein Erfolg wird, möchte ich auf eine fast schon klassisch zu nennende *Vermeidestrategie* hinweisen:

Das ganze Verfahren lässt sich dadurch «kippen», dass man «Schubladen» und keine «Inhalte» wählt. An einem Beispiel lässt sich dies nachvollziehen: In einem Seminar hatte ich die Teilnehmer gebeten, einen allgemein verständlichen Text mit dem Titel «Das Wichtigste über Käse» in drei Stufen zu reduzieren. Die stärkste Reduktion brachte zwei unterschiedliche Ergebnisse zutage:

- Gruppe A: «Käse wird aus Milch durch Zugabe eines Ferments hergestellt.»
- Gruppe B: «Herstellung, Lagerung, Sorten»

Das Ergebnis von Gruppe A ist eine mögliche Lösung mit einem konkreten Inhalt. Das Ergebnis von Gruppe B besteht aus drei Kategorien, die es inhaltlich zu füllen gilt. Für sich genommen bieten sie keinerlei neue Information, da allgemein bekannt ist, dass man Käse herstellen und lagern kann und es verschiedene Sorten davon gibt.

Ihre Aufgabe

Wählen Sie eines Ihrer Standardthemen, Inhalte also, bei denen Sie sich gut auskennen. Dann arbeiten Sie mit den Sieben der Reduktion:

- Bestimmen Sie zunächst die Feinheit und damit die Durchlässigkeit von drei Sieben, z. B. 15 Minuten, 3 Stunden, 2 Tage.
- Lassen Sie nun Ihre Inhalte einzeln durch die Siebe der Reduktion rinnen. Beginnen Sie mit dem gröbsten, also dem durchlässigsten Sieb. Was bleibt hier an Inhalten «hängen»?
- Nachdem Sie sich bei jedem Sieb für einzelne Inhalte entschieden haben, prüfen Sie bitte: Ist die Menge an Inhalten, die Sie ausgewählt haben, realistisch, das heißt, lassen sich diese tatsächlich in der fixierten Zeit vermitteln?

Um die Qualität einer Reduktion zu prüfen, empfehle ich den so genannten *Substanzcheck*. Dabei ist zu klären, ob die jeweils ausgewählten Inhalte tatsächlich substanziell sind und das Wissen der Zielgruppe konkret erweitern. «Schubladen» tun dies in der Regel nicht, weil sie nur darauf verweisen, dass es noch bestimmte Inhalte gibt, diese aber nicht konkretisieren. Ähnlich wie ein Link im Internet verweisen sie auf etwas, ohne dieses konkret anzugeben.

Wie führen Sie den Substanzcheck praktisch durch? Als Leitlinie können Sie davon ausgehen, dass Aussagen eher als Begriffe geeignet sind, um Inhalte zu bündeln. Gerade ein Sammelsurium an Substantiven birgt die Gefahr, eine Vielzahl von dahinter stehenden Konzepten, Aussagen und weiteren Begriffen zu repräsentieren. Dies gilt aber nicht immer und überall. Auch Aussagen können von einem unverbindlichen Allgemeinheitsgrad sein, und Begriffe können sehr wohl etwas Konkretes bezeichnen.

Ihre Aufgabe

Führen Sie den «Substanzcheck» für jene Inhalte durch, die Sie mit den Sieben der Reduktion in der vorherigen Übung ermittelt haben.

- Haben Ihre reduzierten Inhalte «Substanz»?
- Kommen Sie mit Ihrer Reduktion «auf den Punkt», oder haben Sie sich unbewusst einer «Vermeidestrategie» bedient?
- Untersuchen Sie, ob Sie eher auf Begriffe oder auf Aussagen reduziert haben? Überlegen Sie, ob die von Ihnen gewählten Begriffe einen konkreten Sachverhalt bezeichnen oder als «Schublade» verwendet werden. Prüfen Sie den Allgemeinheitsgrad der Aussagen.

«Wer Prozessmanagement macht, der denkt in Prozessen, also einer Abfolge von Aktivitäten, die zu einem Ergebnis führen» ist eine mögliche Reduktion des Themas Prozessmanagement. «In Prozessen denken heißt Input, Aktivität und Output beschreiben» wäre eine weitere Möglichkeit. «Beim Prozessmanagement kommt erst die Ablauf- und anschließend die Aufbauorganisation. Dies ist in der klassischen Organisationslehre anders.» Ob die jeweiligen Aussagen «Substanz haben», ist aber stets vor dem Hintergrund einer Zielgruppe mit einem bestimmten Kenntnisstand zu bestimmen.

3.2 Die Extremreduktion: Den inhaltlichen Kern ermitteln

Stellen Sie sich vor, ein Tennisexperte erklärt einem Laien die Zählregeln des weißen Sports. Im Originalton hört sich das wie folgt an: «Also, wenn du den ersten Punkt machst, dann steht es 15:0. Macht dein Gegner hingegen den Punkt, dann heißt es 0:15 – natürlich gilt das nur, wenn du aufschlägst … Und wenn du bei 40:30 einen Gewinnschlag landest, ist das erste Spiel für dich entschieden, und du führst mit 1:0. Machst du aber einen Fehler, dann steht es 40:40, und ihr spielt so lange weiter, bis einer von euch zwei Punkte mehr gewonnen hat. Zwischendurch steht es dann immer Vorteil Aufschläger oder Vorteil Rückschläger … Wer zuerst 6 Spiele gewonnen hat, der gewinnt auch den Satz, außer es steht 5:5, dann muss man bis 7 spielen. Und bei 6:6 spielt ihr den Tiebreak, der geht wie folgt: Ihr spielt auf 7 Punkte und 2 Punkte Unterschied. Aber auch da gibt es eine Ausnahme: … Am Ende musst du zwei Sätze gewonnen haben, in Wimbledon gilt das allerdings nicht … Alles klar?»

Was meinen Sie, hat der Tennislaie wohl alles verstanden? Ist er danach in der Lage, bei einem Tennisspiel selbst zu zählen? Die Tennis-Zählregeln habe ich für dieses Beispiel ausgesucht, weil sie in einer gewissen Weise sehr unangenehm zu erklären sind. Es gibt nämlich sehr viele Ausnahmen: Erst heißt es 15:0 und dann 30:0, danach aber 40:0 und nicht 45:0. Dann gibt es den Tiebreak, in dem anders als sonst üblich gezählt wird; übrigens gibt es auch Regeln, in welchen Fällen der Tiebreak überhaupt gespielt wird. Manchmal spielt man zwei Gewinnsätze, manchmal auch drei. Die vielen Ausnahmen erschweren das Erklären deutlich, und man kann fast mit Sicherheit sagen: Wer *alle Ausnahmen* erklärt, wird sein Gegenüber eher verwirren als in die Tennis-Zählregeln einführen.

Ich habe schon viele Teilnehmer nach den Zählregeln des Tennis gefragt und dabei sehr unterschiedliche Erklärungen erhalten: Manch einer erklärt, wie man zu einem einzelnen Spiel kommt, manch einer beginnt mit einer historischen Einführung (warum 40:0 und nicht 45:0?), manch einer gibt eine Struktur vor, manch einer verstrickt sich in den Schlingen des Tiebreaks. Damit Sie sich vorstellen können, welche unterschiedlichen Möglichkeiten des Erklärens es gibt, stelle ich Ihnen exemplarisch drei Erklär-Varianten vor:

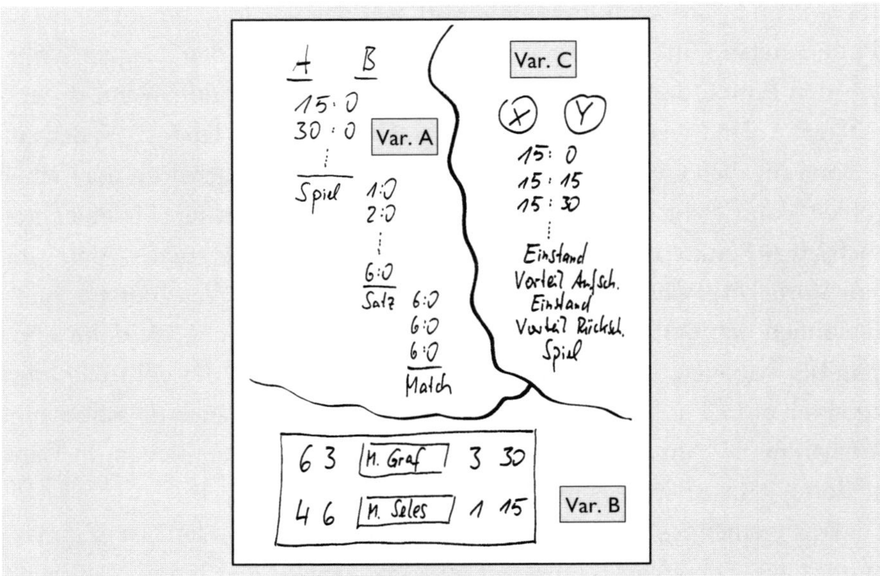

Abbildung 10: Tennis erklären – drei Varianten

- Variante A: «Nehmen wir mal an, es stehen sich zwei Tennisspieler vollkommen unterschiedlicher ‹Klasse› gegenüber: der Spieler A macht alle Punkte, der Spieler B keinen einzigen. Dann kommt man wie folgt zum Endresultat ...»
- Variante B: «Sie kennen doch bestimmt die Anzeigetafel auf dem Centrecourt von Wimbledon. Da können Sie dann lesen: Miss Graf – Miss Seles: 6:4, 3:6/3:1/30:15. Anhand dieser Anzeigetafel werden dann die Regeln erklärt.»

- Variante C: Hier beschränkt sich der «Erklärende» auf einen Teil der Tennis-Zählregeln. Er beschreibt *en détail,* was alles passieren kann, bis es endlich 1:0 steht. «15:0, 30:0, 30:15, 30:30, ..., Einstand, Vorteil Aufschläger, ..., Spiel.»

Welche Variante bevorzugen Sie? Welche Gründe gibt es für Ihre Entscheidung? Die überwiegende Mehrzahl meiner Seminarteilnehmer wählt die Variante A. Es heißt dann: «Ich kann mich gut orientieren, weil die Struktur der Tenniszählregeln sofort klar ist: Spiel, Satz und Match.» Diese Grundstruktur ist zudem hilfreich, wenn weitere Informationen eingeordnet werden müssen: Die Frage, warum denn 40:0 und nicht 45:0 gezählt wird, ist auf der Ebene der Spiele zu erörtern. Der Tiebreak in all seinen Facetten gehört zur Ebene der Sätze. Und die Frage nach zwei oder drei Gewinnsätzen ist auf der Ebene des Matches zu diskutieren.

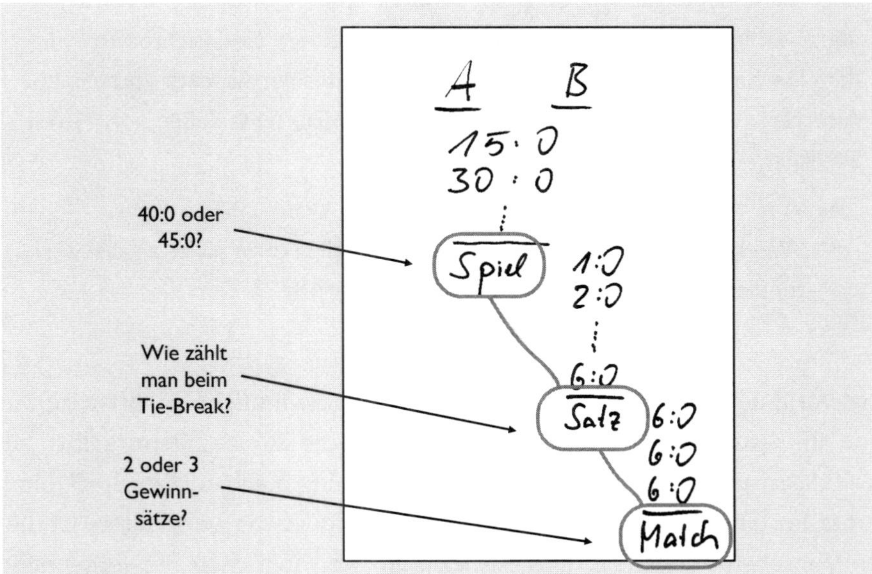

Abbildung 11: Spiel, Satz und Match

Ein Vorgehen, bei dem in einem ersten Schritt der Kern eines Lernstoffs ermittelt wird, bezeichne ich als *Extremreduktion*. Wem es gelingt, das eigene Thema auf wenige Sätze oder ein einfaches Schaubild zu konzentrieren, der reduziert extrem. Wer so vorgeht, setzt sich natürlich dem Vorwurf aus, allzu stark zu vereinfachen. Wenn man sich allerdings klar macht, dass die Extremreduktion nur eine Seite der Medaille ist und die Anreicherung durch Einzelheiten die andere, dann lässt sich dieses Vorgehen als eine didaktische Spielart akzeptieren. Wer das Zählen beim Tennisspiel beherrschen will, der braucht außer einer guten Struktur auch die Gesamtheit aller Regeln.

Ihre Aufgabe

Entscheiden Sie sich für eine Sportart (z. B. Eishockey, Basketball, Bowling) oder ein Gesellschaftsspiel (z. B. Scotland Yard, Set, Manhattan). Erklären Sie die gewählte Sportart bzw. das gewählte Spiel einem Gesprächspartner, indem Sie zunächst eine Reduktion auf die wesentlichen Aspekte vornehmen. Also ganz ausdrücklich: Die Ausnahmen bleiben zunächst außen vor. Holen Sie danach eine Rückmeldung ein:

- Was war verständlich und nachvollziehbar? Was nicht?
- Was hat der Gesprächspartner verstanden? Worin sieht er die wesentlichen Aspekte des Spiels bzw. der Sportart?

Die Variante A ist in weiterer Hinsicht außergewöhnlich: Erklärt wird auf eine im Grunde genommen sehr unrealistische Weise. Denn selbst ein Weltklassespieler wird einmal einen Spielfehler machen. Ein Spiel ohne Punkt für einen der Spieler ist reine Fiktion. Um etwas zu erklären, ist dieses Vorgehen aber ideal. Das Reduzieren der möglichen Spielergebnisse auf wenige zentrale Ergebnisse hilft beim Verstehen und Nachvollziehen. Für Experten ergibt sich die erstaunliche Konsequenz: Manchmal ist es sinnvoll, scheinbar *sachlich falsch* aber *didaktisch richtig* zu erklären. Sie überzeugen durch die Klarheit Ihrer Darstellung und helfen den Lernenden beim Verstehen.

Auf einen weiteren Aspekt des Erklärens sei in diesem Zusammenhang hingewiesen: Der Begriff Spiel wird im Rahmen der Tenniszählregeln auf ungewohnte Weise genutzt. Bei allen anderen Sportarten (z. B. Fußball, Eishockey, Basketball) bezeichnet ein Spiel das «große Ganze», also das, was beim Tennis das Match ist. Beim Tennis hingegen ist ein Spiel eine Unterunterkategorie. Diese – jedenfalls für Tennisexperten – Selbstverständlichkeit wird beim Erklären häufig übergangen. Ein guter Hinweis für die Fachleute, sich die vorausgesetzten *Selbstverständlichkeiten* bewusst zu machen.

Ihre Aufgabe

Nehmen Sie bei einem Ihrer Inhalte eine Extremreduktion vor. Versuchen Sie, diesen Inhalt «auf den Punkt» zu bringen: Eine zentrale Aussage, wenige Kernsätze oder ein einfaches Schaubild sind denkbar. Stellen Sie Ihr Ergebnis dann einem Gesprächspartner vor, und bitten Sie ihn, es mit seinen Worten wiederzugeben:

- Was hat Ihr Gesprächspartner verstanden? Hat er den Kern Ihrer Botschaft erfasst?

Für die Experten gibt es somit zwei zusätzliche Hinweise für ein lerngerechtes Erklären:

- *Das «falsche» Erklären*: Überlegen Sie, an welchen Stellen es hilfreich sein kann, Ihre «Expertenwahrheit» ein wenig zu modifizieren. Wo kann «sachlich falsch» manchmal «didaktisch richtig» sein?
- *Der Selbstverständlichkeitscheck*: Prüfen Sie stets, welche «Selbstverständlichkeiten» Sie Ihren Gesprächspartnern und Zuhörern unabsichtlich verschweigen. Was gehört für Sie so natürlich zum Thema, dass es für Sie keiner Erwähnung wert ist?

Die *Extremreduktion* ist ein didaktischer Kunstgriff, um Inhalte auf den Punkt zu bringen. Wenn diese Art der Reduktion gelungen ist, haben die Teilnehmer das Gefühl, den Sachverhalt ohne große Mühe verstanden zu haben. Das Resultat der Extremreduktion wird im Idealfall als leicht und eingängig empfunden. Der Weg zu diesem Ergebnis kann aber durchaus beschwerlich gewesen sein, denn das Reduzieren erfordert sowohl fachliche Expertise als auch didaktisches Geschick. Wie beim Extremsport zeigen Sie, dass Sie unter hohen fachlichen Anforderungen didaktisch erfolgreich sind. Die Extremreduktion ist sozusagen der *didaktische Ironman.*

Ihre Aufgabe

Würde ich selbst gebeten, eine *Extremreduktion* des Themas Reduktion vorzunehmen, so würde meine Antwort wie in Abb. 12 gezeigt ausfallen.

- Was schlagen Sie diesbezüglich vor?

REDUZIEREN heißt,

- **Wesentliches** und **Unwesentliches** zu trennen, und zwar abhängig von **Zielgruppe, Lernziel** und **Zeitbudget,** und ist
- eine **notwendige Kompetenz** von **Experten,** die ihr **Wissen weitergeben.**

Abbildung 12: Die Extremreduktion der Reduktion

3.3 Track One & Track Two: Lernmaterialien erstellen

Das *richtige Reduktionsmaß* gibt es nicht. Wer reduziert, tut dies immer in Hinblick auf eine Zielgruppe, ein Ziel und ein fixes Zeitbudget.

- Manchmal ist es sinnvoll, einen Sachverhalt stark zu konzentrieren und auf den Punkt zu bringen.
- Manchmal ist es notwendig, Inhalte mit einer hohen Detailgenauigkeit zu erklären.
- Manchmal ist ein mittleres Maß an Reduktion erforderlich, um die Lernenden angemessen zu unterstützen.

Die *Grade der Reduktion* in Abb. 13 zeigen verschiedene Reduktionsintensitäten auf. Diesem Modell liegt die Idee einer dynamischen Balance zugrunde, bei der es das richtige Maß an Reduktion nicht gibt. Dafür werden Entwicklungsmöglichkeiten aufgezeigt: Wer in der Vollständigkeitsfalle sitzt und eher enzyklopädisch vorgeht, für den empfiehlt es sich, in Richtung einer gezielten und systematischen Reduktion zu gehen. Wer zu Simplifizierung und Dauerreduktion neigt, für den ist es möglicherweise sinnvoll, sich in Richtung einer punktuellen Reduktion zu entwickeln.

Falls Sie Lernmaterialien wie Skripten, Arbeitsunterlagen oder Handouts von Präsentationen verwenden, dann können Sie gleichzeitig verschieden starke Reduktionen einbauen: Einer meiner Kollegen, ein Hochschullehrer für Telekommunikation, hat in seinen Skripten zwei Lernwege integriert: *Track One* und *Track Two*. Er hat sich für dieses Vorgehen entschieden, weil er seine Studierenden darüber informieren möchte, welche Inhalte für das weitere Studium und die anschließende Praxis besonders wichtig sind und welche nicht. Gerade wenn die Informationsmenge sehr groß ist, besteht die Gefahr, dass die Lernenden Inhalte eher zufällig verinnerlichen. Wird hingegen geklärt, welche Inhalte besonders bedeutsam sind, so kann sich auch eine Struktur des Stoffes leichter herausbilden. Der Hochschullehrer hat Track One und Track Two kurzfristig in seine Skripten aufgenommen, indem er Track One farblich gekennzeichnet hat. Eine graue Schattierung signalisiert den Studierenden: Das ist besonders wichtig!

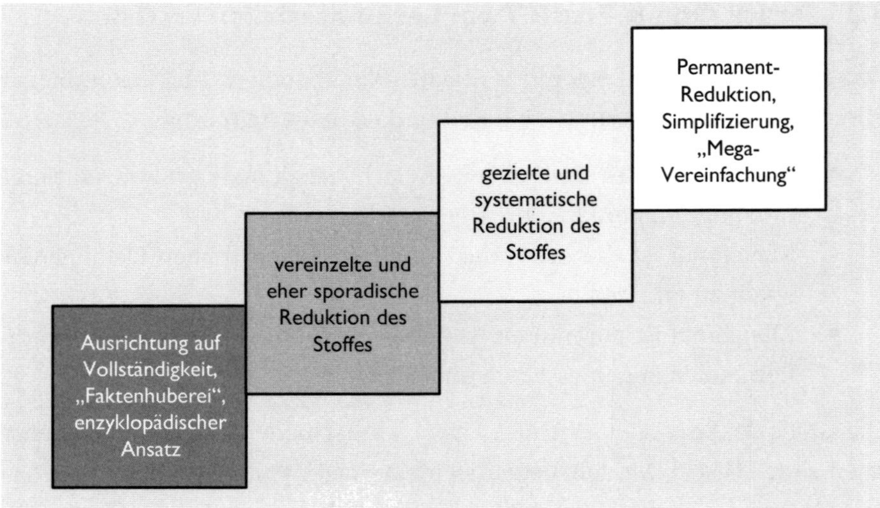

Abbildung 13: Grade der Reduktion

Die Idee von Track One und Track Two habe ich selbst in einer Lernunterlage umgesetzt. Die Studierenden erhalten in der Vorlesung Organisationsentwicklung ein so genanntes *Folienskript* von mir. Dies sind 250 Folien, auf die ich in den Präsenzphasen teilweise zurückgreife. Diese Unterlage verteile ich in elektronischer Form, wobei einzelne Folien miteinander über Links verbunden sind. Es gibt einen «Best-of»-Pfad, den Track One, bei dem man durch einen Teil der Folien geführt wird. Der Intensiv-Pfad, also Track Two, verweilt bei mehr Folien, wobei ein individuelles Erschließen anderer Themen immer möglich ist.

Noch eine Anmerkung zum Folienskript: Es ist eine Kombination aus traditionellen Folien, wie sie häufig zur medialen Stützung der Lehre eingesetzt werden, und einem Vorlesungsskript. Die einzelnen Seiten bzw. Folien des Folienskripts sind so angelegt, dass sie weitgehend selbsterklärend sind. In der Regel werden Sätze oder Halbsätze (wichtig: die Verben) verwendet, und es wird auf eine Aneinanderreihung ausschließlich von Substantiven verzichtet.

Ihre Aufgabe

Nehmen Sie sich eine Ihrer Lernunterlagen, die Sie den Lernenden gewöhnlich zur Verfügung stellen. Teilen Sie die Inhalte auf: Track One enthält die zentralen Inhalte, Track Two die Inhalte für das weitere Lernen.

- Überlegen Sie sich, wie Sie Track One und Track Two kennzeichnen. Geht das mit wenig Aufwand?
- Welche Inhalte gehören zu Track One? Warum entscheiden Sie sich für genau diese Inhalte?
- Ändert sich die Aufteilung in Track One und Track Two, wenn Sie mit einer anderen Zielgruppe bei anderen Rahmenbedingungen arbeiten?

Eine *Fachlandkarte* ist ein Instrument, das dem Lehrenden gestattet, seine Lernmaterialien übersichtlich zu halten. An einem Beispiel können Sie dies nachvollziehen: Stellen Sie sich vor, eine IT-Expertin wird von einem Freund gefragt, ob sie ihm dabei helfen könne, Projektberichte in einem einheitlichen Layout zu verfassen. Sie sagt dem Freund gerne zu. Dabei kommt bei ihr ein mulmiges Gefühl auf, weiß sie doch um die unzähligen Möglichkeiten, die ein Textverarbeitungsprogramm hinsichtlich des Layouts bietet. Gleichzeitig ist ihr klar, dass sie nur eine begrenzte Zeit darauf verwenden kann, dem Freund dabei zu helfen, ein einheitliches Layout für seine Projektberichte zu erstellen.

Sie überlegt sich, welche Funktionen sie in Bezug auf ein einheitliches Layout erklären soll: Zeichen, Absätze, Aufzählungen, Rahmen, Sprache, Tastenkombinationen usw. erstellen und bearbeiten, Formatierungen anzeigen, Formatvorlagen erstellen und modifizieren, Formatvorlagen automatisch aktualisieren, Dokumentvorlagen erstellen und speichern, mit dem Formatvorlagenkatalog arbeiten usw. Dies ist eine kleine Auswahl der vielfältigen Möglichkeiten, die ein Textverarbeitungsprogramm hinsichtlich eines einheitlichen Layouts bietet. Aber bereits dies alles zu erklären, würde Tage in Anspruch nehmen.

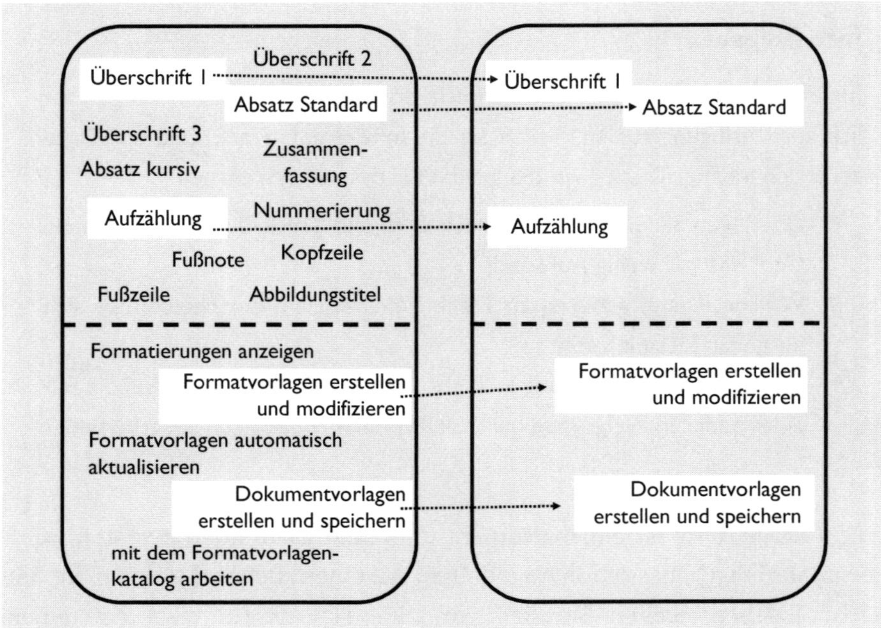

Abbildung 14: Einheitliches Layout – eine Fachlandkarte

Da es wenig hilfreich zu sein scheint, danach zu schauen, was das Programm «denn so kann», überlegt sich die IT-Expertin einen anderen Zugang. Welche dieser Funktionen sind wirklich wesentlich – und zwar wesentlich für den Freund, der eine Layoutvorlage für seine Projektberichte anfertigen möchte. Sie entscheidet sich dafür, zwei grundsätzliche Funktionen des Layouts zu erläutern:

- Formatvorlagen erstellen und modifizieren,
- Dokumentvorlage erstellen und speichern.

Beispielhaft führt sie dies anhand von drei konkreten Formatvorlagen vor:

- Überschrift 1
- Absatz Standard
- Aufzählung

Die IT-Expertin hat sich bewusst dafür entschieden, die wesentlichen Punkte einer Layoutvorlage zu besprechen. Sie hat sich aber auch aktiv dafür entschieden, bestimmte Inhalte nicht zu behandeln: Formatvorlagen für Zusammenfassungen, Kopfzeilen und Abbildungstitel werden genauso wenig behandelt wie das automatische Aktualisieren einer Formatvorlage. Diese Konzentration auf das Wesentliche hilft dem Freund enorm: Er behält die Übersicht, lernt wenige Dinge intensiv und hat eine gute Basis für zusätzliche Informationen aufgebaut. Die IT-Expertin erläutert ihr Vorgehen anhand der Fachlandkarte in Abbildung 14.

Ihre Aufgabe

Erstellen Sie für eines Ihrer Themen eine Fachlandkarte. Achten Sie darauf, dass Sie die Ihrer Meinung nach wesentlichen Inhalte abbilden.

- Welche Punkte behandeln Sie? Warum?
- Welche Punkte lassen Sie bewusst weg? Warum?

Zum Schluss noch zwei Tipps, wie Sie der Vollständigkeitsfalle entgehen können:

- *Arbeiten Sie mit einem «inneren» Reduktionsteam:* Stellen Sie sich vor, in Ihrem Inneren diskutieren drei Personen miteinander: Der *Reduzierer* drängt stets darauf, die Dinge «auf den Punkt» zu bringen und sich auf das Wesentliche zu konzentrieren. Der *Strukturierer* fordert von Ihnen Struktur, Gliederung und Orientierung. Der *Spezialist* verlangt nach Einzelheiten. Klären Sie für sich, wessen Wünsche Sie auf welche Weise berücksichtigen wollen.
- *Nutzen Sie das In-Out-Prinzip:* Immer wenn Sie Ihrem Lehrstoff einen neuen Inhalt hinzufügen, streichen Sie einen alten. Auf diese Weise bleibt die Menge an Inhalten konstant, und die Qualität erhöht sich – hoffentlich.

Ihre Aufgabe

In dem Film «Charade» aus dem Jahr 1963 fragt Cary Grant Audrey Hepburn: «Können wir uns nicht näher kennen lernen?» Worauf sie entgegnet: «Ich werde keine neuen Bekanntschaften schließen, solange nicht einer meiner alten Bekannten gestorben ist.»[45] Diese In-Out-Technik ist sicherlich im Umgang mit Bekanntschaften ungewöhnlich, aber möglicherweise effektiv. Nutzen Sie diese Vorgehensweise auch für neue Inhalte:

- Angenommen, in Ihrem Fach entsteht neues Wissen, das Sie unbedingt in Ihr «Angebot» aufnehmen wollen. Welche Inhalte müssen Ihre Lehrveranstaltung «verlassen»?
- Nach welchen Kriterien scheiden Sie Inhalte aus?

3.4 Die Kunst, einfach zu erklären: Warum einfach und simpel nicht dasselbe ist

Amerikaner haben Angst, *nicht verstanden* zu werden – Europäer haben Angst, *verstanden* zu werden. Dieses Bonmot bringt eine Haltung auf den Punkt, die dem Einfachen mit großer Skepsis begegnet – so als wäre es schon an sich verdächtig, Sachverhalte zu konzentrieren und ohne schmückendes Beiwerk darzustellen. Wörterbücher für Synonyme liefern für das Wort «einfach» die sinnverwandten Wörter: bescheiden, elementar, anspruchslos, mäßig, arglos, bedürfnislos, ländlich.

Nicht nur – aber auch – in der Wissenschaft gibt es den Umgang mit sperrigen Theorien und terminologischem Schwulst. Der Philosoph Karl POPPER führt dies auf eine durch die HEGELSCHE Dialektik angestoßene Tradition zurück: «Das grausame Spiel, Einfaches kompliziert und Triviales schwierig auszudrücken, wird leider traditionell von vielen Soziologen, Philosophen usw. als ihre legitime Aufgabe angesehen. So haben sie es gelernt, und so lehren sie es.»[46] In einem Brief stellt er in pointierter Form Zitate aus einem Aufsatz von Jürgen HABERMAS vor und «übersetzt» diese teilweise sehr bissig. Im Original heißt es: «Die gesellschaftliche Totalität führt kein Eigenleben oberhalb des von ihr Zusammengefassten, aus dem sie selbst besteht.» POPPERS «Übersetzung»: «Die Gesellschaft besteht aus den gesellschaftlichen Beziehungen.»[47]

Ihre Aufgabe

Stellen Sie sich vor, jemand berichtet Ihnen, in einem Buch seien bestimmte Sachverhalte besonders einfach dargestellt.

- Was löst diese Aussage bei Ihnen aus?
- Wie würden Sie das Buch – nur aufgrund dieser Aussage – einschätzen? Die Skala reicht von 0 (= trivial) bis 10 (= höchst anspruchsvoll). Was heißt «einfach» für Sie?

Auf einer Konferenz mit dem Titel «Communicating science» wollte ich mich über die Entwicklungen in der Wissenschaftskommunikation informieren. Erwartet hatte ich, dieses Thema auch beispielhaft vorgeführt zu bekommen. Nichts dergleichen: Erleben durfte ich eine Vortrags- und Podiumsdidaktik, bei der das gesprochene Wort dominierte und die Teilnehmer weitgehend in die Rolle von zuhörenden Statisten verwiesen waren. Besser wäre es gewesen, dem so genannten *Doppeldecker-Prinzip* zu folgen: «Sei ein Modell für das, was du lehrst.»[48] Wer von Wissenschaftskommunikation spricht, muss diese auch vorleben.

Hans-Dieter GELFERT hat für die akademische Welt einen «Ergänzungsantrag zum Grundgesetz» formuliert:

1. Die Sprache ist Allgemeingut des Volkes.
2. Wer sie dazu benutzt, mit hochtrabenden Phrasen andere Menschen einzuschüchtern, darf öffentlich lächerlich gemacht werden (Recht auf geistige Notwehr).
3. Wer Schülern und Studierenden die Vorstellung vermittelt, dass klare Sätze seicht und trübe tief seien, darf als sprachlicher Umweltverschmutzer bezeichnet werden.»[49]

Wussten Sie, dass 70 Prozent der weltweiten Steuerberaterliteratur auf Deutsch erschienen ist? Die deutsche Steuergesetzgebung ist ausgesprochen umfangreich und dadurch so unübersichtlich geworden, dass die fachliche Expertise der Steuerberater immer unabkömmlicher wird. Der CDU-Politiker Friedrich MERZ hat einen einfachen Stufentarif vorgeschlagen: Die ersten 8 000 Euro des zu versteuernden Einkommens werden mit zwölf Prozent, die nächsten 24 000 Euro mit 24 Prozent und alles über 32 000 Euro mit 36 Prozent besteuert. Je Familienmitglied gibt es einen Freibetrag von 8000 Euro, für Berufstätige zusätzlich je 1000 Euro. Vergünstigungen wie die Pendlerpauschale entfallen. Für Kapitaleinkünfte gibt es kein Privileg mehr.

Beim CDU-Parteitag in Leipzig im Dezember 2003 hat er den berühmten Satz mit dem Bierdeckel gesagt: «Wenn die Menschen sich auf einem Bierdeckel ausrechnen sollen, wie hoch ihre Steuerschuld ist, dann müssen wir statt komplizierter Formeln einfache Steuerstufen einführen.» Dass der Beschluss des CDU-Bundesvorstandes vom 3. November 2003 mit dem Titel «Ein modernes Einkommensteuerrecht für Deutschland» dann 15 Seiten umfasst, ist kein Widerspruch. Letztlich ist das Bierdeckelkonzept nicht gekommen, die Gründe dafür waren vielfältig. Vielleicht war es ja auch zu einfach!

«Gerecht ist einfach», bringt Bernd ULRICH den Zusammenhang zwischen einer angemessenen Güterverteilung und der Komplexität der gesetzlichen Materie auf den Punkt. Das gut gemeinte Streben nach Einzelfallgerechtigkeit führt in der Nebenwirkung dazu, dass Gesetzgebungen und Verordnungen so komplex und unübersichtlich werden, dass sie der ursprünglichen Absicht entgegenstehen. Übrigens mit Folgen für die Beteiligten: «Wenn aber das Einfache gerechter ist als das Komplizierte, was wird dann aus den Komplexitätsnutznießern, den Steuerberatern und Krankenkassen-Aufsichtsräten und was vor allem aus den geschickten Profiteuren des Systems?»[50]

Komplizierte Modelle verkaufen sich besser als einfache. Für einfache Ideen wird nicht viel gezahlt – was einfach ist, das kann man schließlich auch selbst machen. Im Blick ist dabei das Endprodukt und nicht der Weg, der beschritten wurde, um das Produkt zu entwickeln und zu fertigen. Das weiß man bereits aus der Kreativitätsforschung: Gute Lösungen schauen in der Regel einfach und logisch aus, so als könnten sie gar nicht anders sein.

Ihre Aufgabe

Einfach ist manchmal so schwierig, wie ein Dialog aus dem Film «Pappa ante portas» von LORIOT belegt:
Herr Lohse: «Ich werde von nun an meine Arbeitskraft äh – ganz – äh – der Familie zur Verfügung stellen.» – Lohse junior: «Soll das heißen, du bist pensioniert?» – Herr Lohse: «Äh, ja – sozusagen.»[51]

- Fallen Ihnen auch Beispiele ein, bei denen einfache Sachverhalte auf eine liebenswürdige Weise verkompliziert werden?

Ein schönes Beispiel findet sich in der *Kritik des gesunden Menschenverstandes* von Ernst-Peter FISCHER. Er formuliert die folgende Aufgabe: «Stellen Sie sich vor, Sie stehen in einem Garten und sehen, wie sich ein Apfel von einem Ast löst. Sie haben zufällig eine faule Birne in der Hand, und auf einmal reizt Sie der Versuch, das Fallobst zu treffen. Dabei stellt sich die Frage, wohin Sie zielen müssen: auf die Position, die der Apfel im Augenblick des Abwurfs einnimmt, oder auf die Position, die der Apfel dann erreicht, wenn Ihr Geschoss seine Flugbahn kreuzt? Intuitiv entscheiden sich die meisten Menschen für die zweite Möglichkeit – und haben dabei die NEWTONSCHE Mechanik vergessen. Auch die faule Birne, die Sie werfen, macht nämlich die Fallbewegung mit. Sie zielen einfach auf den Apfel, wie und wo Sie ihn jetzt sehen, und nicht dorthin, wo Sie ihn später erwarten. So einfach kann manchmal auch das Schwierige sein.»[52]

Hier heißt einfach: gut, konzentriert, auf den Punkt gebracht. *Im positiven Sinne einfach* ist gemeint, also nicht mäßig und anspruchslos wie in den Synonymenlexika. Wenn ein Sachverhalt in einer einfachen Weise dargestellt ist, dann kann dies durchaus bedeuten, dass komplexes und systemisches Denken stattgefunden hat: Informationen wurden umfassend berücksichtigt und mögliche Nebenwirkungen bedacht.

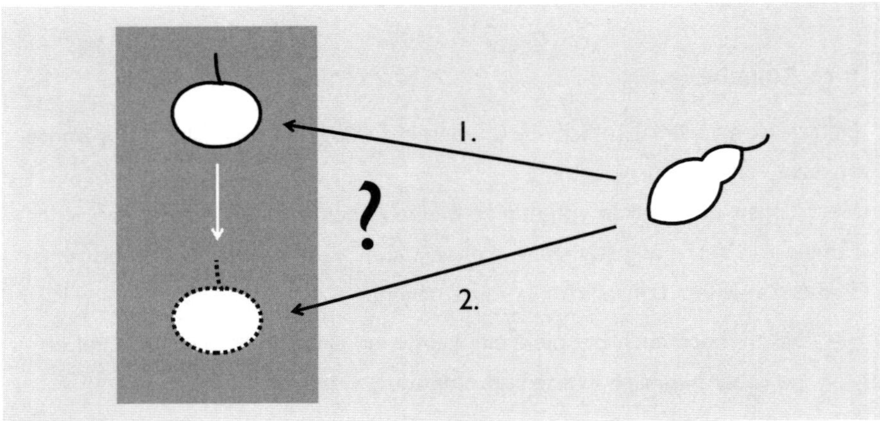

Abbildung 15: Einfach – aber nicht simpel!

Diese Vorgehensweise ist nach meinem Sprachgebrauch keineswegs *simpel.* Im Unterschied zum Begriff «einfach» meint «simpel»: bis zur Entstellung des Sachverhalts vereinfacht oder reduziert und dabei Wesentliches weggelassen. Ideologien bieten solch simple Lösungen, Denkungsarten und Gesinnungen, die alles und jedes in Schwarz und Weiß, Gut und Böse einteilen.

Um noch einmal zu dem eingangs genannten Unterschied zwischen Amerikanern und Europäern zurückzukommen: Wenn heute immer wieder amerikanische und britische Wissenschaftler, die Sachbücher schreiben, für ihre brillanten Darstellungen gelobt werden, dann wissen sie hoffentlich, weshalb sie so gut sind und von welcher Tradition sie profitieren. Zum wünschenswerten Stil, so forderte die ehrwürdige Royal Society zu London bereits 1667, gehöre es, «alle Umschreibungen, Abschweifungen und Schwülstigkeiten des Stils zu verbannen». Sie verpflichtete ihre Mitglieder auf einen «präzisen, nüchternen, ungezwungenen Stil, auf konkrete Ausdrücke, klare Bedeutungen und eine natürliche Leichtigkeit, die sich lieber der Sprache der Handwerker, Bauern und Kaufleute bedient als der geistreicher Herren und Gelehrten».[53]

Ihre Aufgabe

123 Tennisspieler bestreiten ein Turnier nach dem klassischen K.o.-System: Je zwei Spieler treten gegeneinander an, und der Sieger kommt in die nächste Runde.

- Wie viele Spiele müssen in diesem Turnier absolviert werden, um den Sieger zu ermitteln?
- Machen Sie sich auf die Suche nach einer – im positiven Sinne – einfachen Lösung.[54]

3.5 Zurück zu den Inhalten: Warum eine gute Präsentation mehr braucht als attraktive Folien und markige Sprüche

Zum Verwechseln individuell – dies gilt unabhängig davon, ob nun Studierende, Kollegen, Wirtschaftstreibende oder Staatsdiener ihre Inhalte, meist in elektronischer Form mit Laptop und Beamer, vorstellen. Die meisten nutzen die Präsentationssoftware Powerpoint und erzielen aufgrund der vorhandenen Gestaltungsmöglichkeiten, z. B. standardisierte Vorlagen im Listenformat, häufig ähnliche Ergebnisse. Das Bemühen, ein individuelles Ergebnis zu erzielen, führt häufig zum gegenteiligen Effekt: Die Präsentationen gleichen sich – auch weil die vortragenden Personen meist im Halbdunkel des Raumes verschwinden. Von daher ist die Formulierung, die den gesellschaftlichen Individualisierungstrend überzeichnet, durchaus angebracht: Präsentationen sind manchmal zum Verwechseln individuell.

Kritik an der Präsentationskultur von Powerpoint ist von vielen Seiten laut geworden: «Unverzichtbare Frontalberieselung für alle, die ihr Publikum überzeugen wollen. Im Halbdunkel stickiger Konferenzräume ebenso zu Hause wie in Schulen und auf der Leinwand im U-Bahnhof. Dank kinderleichter Bedienung wird das mediale Betäubungsmittel jeden Tag über 30 Millionen Mal verabreicht. Damit hat Microsoft schon 95 Prozent aller Computernutzer abhängig gemacht»,[55] heißt es in einer deutschen Wochenzeitschrift. Der amerikanische Informationstheoretiker Edward TUFTE kritisiert, dass Powerpoint seine Nutzer dazu zwingt, komplexe Informationen auf Kapitelüberschriften und schlagwortartige Listen zu reduzieren.

Meiner Einschätzung nach lässt sich trotz der teilweise berechtigten Kritik durchaus sinnvoll mit Powerpoint arbeiten. Mehrere Punkte sind dabei wichtig:

- *Persönliche Präsenz:* «Nur wer von etwas überzeugt ist, kann auch überzeugen» gilt für Präsentationen jeder Art. Eine Voraussetzung dabei ist, dass der Vortragende zu sehen und zu erleben ist.
- *Integration und Medienmix:* Präsentationen mit Powerpoint lassen sich mit traditionellen Medien, z. B. Pinnwänden und Flipcharts, kombinieren. Auf diese Weise lässt sich sicherstellen, dass bestimmte Informationen durchgängig verfügbar sind.
- *Punktuelle Nutzung:* Soll eine Aussage visuell unterstützt werden, bedarf es eines entsprechenden Bildes. Ansonsten ist eine Graufolie zu zeigen oder der Beamer für diese Zeitspanne auszuschalten.
- *Halbsätze mit Verben:* Folien, auf denen nur Substantive stehen, sind in der Regel wenig aussagekräftig. Ich empfehle Halbsätze mit Verben möglichst häufig einzusetzen. Gute Folien sind meist *selbsterklärend*.

Eine gute Präsentation braucht mehr als attraktive Folien und markige Sprüche – das ist unbestritten. Wenn heute manchenorts die Medien die Inhalte dominieren, möge man ungefähr 50 Jahre zurückblicken in eine Zeit, in der das gesprochene Expertenwort die Vorträge bestimmte. Erklärungshilfen waren zu dieser Zeit eher die Ausnahme, und so lässt sich verstehen, dass Visualisierungen entstanden sind, um Vorträge anschaulicher und verständlicher zu machen.

Das Pendel schlägt heutzutage eher in die andere Richtung aus: In einer *«Bildersoße»* sind die Inhalte vor lauter visuellen Eindrücken kaum wahrnehmbar. Dabei werden die Möglichkeiten einer visuellen Unterstützung in vielen Folienpräsentationen nur eingeschränkt genutzt: Zu sehen sind Textelemente, die das gesprochene Wort abbilden. Besser wäre es, auch Bilder, Grafiken und Zeichnungen in die Präsentation einzubinden, um die sprachliche Darstellung durch eine bildhafte zu ergänzen. Auf diese Weise würde ein weiterer Modus der Informationsverarbeitung erschlossen.

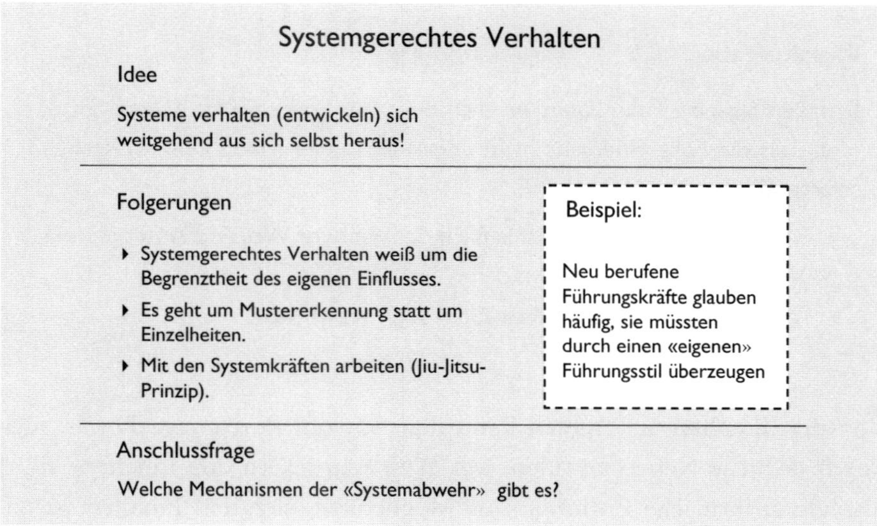

Abbildung 16: Folie mit Halbsätzen und Verben – weitgehend selbsterklärend

Nicht nur durch den Einsatz der *elektronischen Folienschleuder* lässt sich eine inhaltliche Auseinandersetzung verhindern. Dies gelingt auch durch einen «Text ohne Sinn, bestehend aus Gemeinplätzen, Unrichtigkeiten, unzusammenhängenden und inhaltsleeren Phrasen, die allerdings in eine pseudowissenschaftliche Form gebracht wurden.» Wolfgang MEYER entwickelte eine Nonsenstheorie, die er Schülern, Studierenden, Lehrern und Lehrerausbildern vorlegte: die dispensorische Erziehungstheorie (s. Abb. 17).

Das Ergebnis war erschreckend: Die Mehrzahl der Befragten war nicht in der Lage, die falsche Theorie zu entlarven. «Interessant – schwierig – abstrakter Text – welche Klasse? – in der 13 machbar!», äußerte sich ein

Lehrer in Ausbildung, «äußerst interessant» mit einer Nähe zur «Kommunikativen Theorie» war der Kommentar eines Lehrerausbilders. «Fairerweise sollte ich aber auch zugeben, dass die dispensorische Theorie auch auf mich nicht ohne Wirkung geblieben ist. Auf Grund der Reaktionen fing ich nämlich an zu zweifeln, ob mir mit dem Text nicht ein grundlegender philosophischer Text gelungen ist.»[56]

Ihre Aufgabe

Erstellen Sie eine Folie handschriftlich oder mit Powerpoint. Achten Sie darauf, dass die Folie einerseits nicht überladen, andererseits aber weitgehend selbsterklärend ist:

- Wo verwenden Sie ausschließlich Substantive? Wo sind Aussagen mit Verben hilfreich?
- Welche Inhalte sind für Ihre Zielgruppe wesentlich?

Von den Inhalten abkommen kann man sowohl durch visuelle als auch durch textliche Nebelschwaden. Der Weg «zurück zu den Inhalten» führt über deren kritische Prüfung. Eine Möglichkeit, sich den Inhalten zu nähern, besteht darin, *Fragen* zu formulieren. Dies ist keineswegs banal, denn wie heißt es doch: Wo nichts gewusst wird, da kann auch nichts gefragt werden.[57] Um Fragen zu stellen, ist ein grundständiges Wissen erforderlich. Dann ist der Zusammenhang zwischen Fragen und Lernen offensichtlich: Wer fragt, erkundet und lernt auf aktive Weise.

Fragen eignen sich auch zur Vorbereitung von Unterricht und Präsentation. Wolfgang KLAFKI hat in seiner *didaktischen Analyse* fünf Fragen formuliert, die dabei helfen, einen Sachverhalt zu durchdringen (s. Kap. 1.2):

- *Gegenwart:* Welche Bedeutung hat dieser Lehrinhalt bereits im Leben der Teilnehmer?
- *Zukunft:* Worin liegt die Bedeutung des Themas für deren Zukunft?
- *Sachstruktur:* Welche Struktur und welchen übergreifenden Zusammenhang weist dieser Inhalt auf?

- *Zugänglichkeit:* Welche konkreten Fälle und Phänomene machen den Inhalt interessant, begreiflich und anschaulich?
- *Exemplarische Bedeutung:* Welchen allgemeinen Sachverhalt und welches allgemeine Problem erschließt der betreffende Inhalt?[58]

Die dispensorische Erziehungstheorie
Was den denkenden Menschen von anderen unterscheidet, ist seine Kritikfähigkeit. Kulturen entstehen und gehen unter. Dies ist ein Gesetz allen biologischen Lebens. Eine strukturelle Dialektik zwischen Innovation und Stagnation ist allumfassend konstatierbar. Schon die griechischen Philosophen, allen voran Euklyptos, haben auf diesen Sachverhalt hingewiesen. Dies gilt sogar für das Klima und die Jahreszeiten. Die menschliche Gesellschaft gleicht so einem Garten, in dem die prächtigsten Pflanzen neben hässlichem Unkraut gedeihen. Um einen Eisschrank zu erwerben, muss ein Arbeiter in England zehn Stunden arbeiten, in Argentinien etwa zehnmal soviel. Demgegenüber gibt es kein Dorf in Afrika, in dem nicht ein Transistorradio anzutreffen wäre. Die Erziehung in Afrika unterscheidet sich von der Erziehung in Amerika oder Europa. Die Gültigkeit einer mathematischen Formel ist nicht durch die Kontinente begrenzt. Gegenstand der Naturwissenschaft ist die Natur. Wenn Naturwissenschaft alles ist, so ist auch alles Gegenstand der Naturwissenschaft. Feld, Wald, Transistorradios und Menschen bilden so eine Einheit im Ganzen. Im Boxsport kommt es darauf an, den Gegner k.o. zu schlagen. Der Stärkere gewinnt gegen den Schwächeren. Schönheit als Kategorie der Natur spielt im Boxsport keine Rolle. Die Phänomene der Welt müssen beschrieben und geordnet werden, bevor sie in eine Theorie gebracht werden können. Nichts anderes ist die Grundlage der dispensorischen Theorie, die den Anspruch erhebt, die Phänomene der Welt in ihrer Totalität zu erfassen. Versucht man diese Theorie auf die Erziehung anzuwenden, so heißt dies, eine allumfassende Theorie der Erziehung zu begründen, die ihre Bestätigung letztlich in der Praxis erfährt, wobei Praxis im einfachen Sinne als individuelles und gesellschaftliches Handeln verstanden werden soll. Die dispensorische Erziehungstheorie ist somit nicht nur erkenntnistheoretisches Prinzip, sondern bedeutet vor allem Handlungsorientierung zur Veränderung und Verbesserung individueller und sozialer Lebensbedingungen, die kulturelle und gesellschaftliche Unterschiede tendenziell aufzuheben vermag.

Aus: W. Reyem, Dispensorische Theorie und kritische Gesellschaft, Oldenburg 1980, S. 33

Abbildung 17: Die dispensorische Erziehungstheorie

Wie sinnvoll es sein kann, Fragen zu formulieren, lässt sich an mehreren Übungen nachvollziehen: Um Inhalte zu wiederholen und zu reflektieren, fordere ich die Lernenden gelegentlich auf, sich gegenseitig zu prüfen. Sie müssen ein *Lernquiz* vorbereiten und dazu Prüfungsfragen formulieren. Dies kann in Einzel- oder Gruppenarbeit geschehen. Anschließend prüfen sich die Gruppen oder Einzelpersonen gegenseitig. Beide Aktivitäten unterstützen das Lernen: das Fragenformulieren und das Fragenbeantworten. Müsste ich mich entscheiden, bei welchem Teilschritt der intensivere Lernprozess stattfindet, so würde ich mich für das Aufstellen der Prüfungsfragen entscheiden. Hier muss ich den jeweiligen Inhalt auf vielfältige Weise verarbeiten: Fragen entwickeln und auf ihre Verwendbarkeit prüfen, mögliche Antworten durchdenken und auf ihre Richtigkeit hin bewerten, die Angemessenheit von Fragen und Antworten beurteilen.

Ihre Aufgabe

Entwickeln Sie gemeinsam mit den Lernenden Fragen zu einem Ihrer Themen. Seien Sie dabei nicht bescheiden. 20 Fragen sind gut, 50 besser, und wenn Sie auf 100 kommen, dann ist das «Spitze».

- Was gibt es in Ihrem Thema zu wissen? Was könnte für wen bedeutsam sein?
- Welche Personen stellen welche Fragen? Gibt es hier Unterschiede zwischen den verschiedenen Lerngruppen?

Eine andere Übung steht am Beginn einer Lerneinheit. Ich fordere die Lernenden auf, Fragen zu formulieren, die es im jeweiligen Thema zu beantworten gilt: Was gibt es zu wissen? Welche Fragen müssen oder wollen wir beantworten? In kleinen Gruppen versuchen die Lernenden dann, eine Vielzahl von möglichen Fragen zu entwickeln. Oder ich frage am Beginn einer Veranstaltung: «Was möchten Sie hier lernen?» Ein «Schau'n wir mal» oder «Ich lass mich überraschen» ist zwar wohlwollend gemeint, für das Lernen aber wenig hilfreich. Besser lernt, wer Fragen beantworten, Probleme bearbeiten oder sich mit einem Thema auseinander setzen möchte.

Hier habe ich Anleihen bei der so genannte *PQ4R-Technik* gemacht. Diese Lesetechnik wurde bereits vor über 50 Jahren entwickelt und kennt sechs Phasen:

- *Preview* = Vorausschau: Text überfliegen, sich orientieren

- *Question* = Fragen: einfache Fragen zu dem Text formulieren
- *Read* = Lesen: lesen, Fragen beantworten, markieren
- *Reflect* = Nachdenken: verknüpfen, assoziieren, Beispiele bilden
- *Recite* = Wiedergeben: Inhalt wiedergeben, Fragen erneut beantworten
- *Review* = Rückblick: zusammenfassen, resümieren

Besonders wichtig ist hier die zweite Phase: Um möglichst viel aus dem Text «herauszuziehen», ist es sinnvoll, eine fordernde Haltung zu entwickeln: Das will ich wissen! Gezieltes und fragendes Lesen erhöht den Lernerfolg. Dies gilt auch für andere Lernprozesse: Wer sich fragend verhält, hat gute Chancen, die Inhalte zu durchdringen und zu erfassen. Von daher tragen Fragen dazu bei, die Qualität der Inhalte und der inhaltlichen Auseinandersetzung zu erhöhen. Sie sind ein möglicher Weg «zurück zu den Inhalten».

3.6 Storys, Metaphern und Bilder: Die analoge Reduktion

In komplexen Situationen ist es herausfordernd, das Wesentliche zu erfassen und den Lernenden zu vermitteln. Je mehr Sie sich mühen, Einzelheiten zu erklären, desto größer die Gefahr, die Gesamtsicht zu verlieren. Hier ist es manchmal hilfreich, mit Geschichten und Metaphern zu arbeiten: Storytelling und Metaphoring sind zwei – sprachlich nicht besonders schöne – Bezeichnungen dafür.

Geschichten und Metaphern tragen dazu bei, die Komplexität bestimmter Inhalte zu reduzieren. Beiden Formen gemeinsam ist, dass sie bildhafte mit sprachlichen Elementen verbinden. Insbesondere die Metaphern stimulieren unsere Fantasie und unsere Gefühle; dies kann bei Geschichten auch so sein, muss es aber nicht. Zudem lassen sich die beiden Formen nach ihrem symbolischen Charakter unterscheiden: Metaphern sind immer symbolisch angelegt, Geschichten können es sein.[59]

Geschichten und Metaphern erschließen Ihren Teilnehmern einen «zweiten Zugang» zu einem Thema. Konkrete Vorstellungen werden angeregt und alltägliche Erfahrungen berücksichtigt. Zudem helfen sie den Lernenden, sich im Thema zu orientieren. Nicht zuletzt haben sie einen hohen Erinnerungswert.

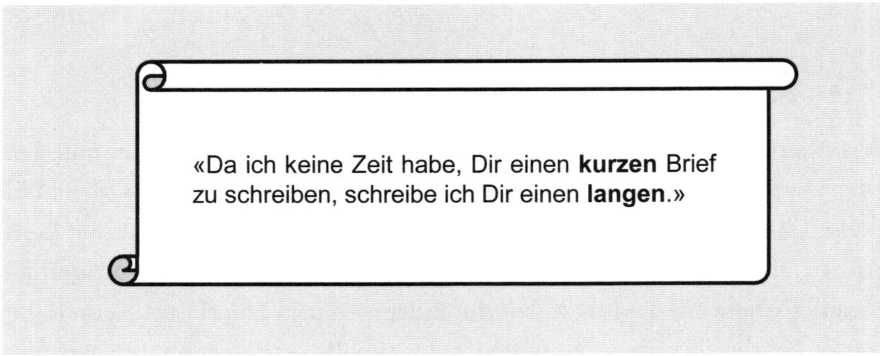

Abbildung 18: Aus einem Brief von GOETHE an seine Schwester

Allerdings haben Geschichten und Metaphern auch ihre Grenzen. Da beide Formen die Fantasie anregen, ist es möglich, dass die Lernenden individuelle Bilder und Vorstellungen entwickeln, die sich nicht mit den Ihren decken. Wenn Sie um diese Individualität des Lernens wissen, können Sie dies angemessen berücksichtigen. Als Letztes möchte ich noch erwähnen, dass Sie auch bei Geschichten und Metaphern in die Vollständigkeitsfalle tappen können. Sollten Sie Ihre Teilnehmer in Geschichten und Metaphern «ertränken», so entstünde das Stoffmengenproblem von einer anderen Seite.

Für das *Storytelling* habe ich Ihnen bereits ein Beispiel gegeben: «Da ich keine Zeit habe, Dir einen kurzen Brief zu schreiben, schreibe ich Dir einen langen.»[60], heißt es in einem berühmten Brief GOETHES an seine Schwester. Diese Geschichte illustriert in bemerkenswerter Weise die Vollständigkeitsfalle, in die viele Fachleute geraten. Die Rolle des Experten kann dazu verführen, die Lernenden – durchaus in guter Absicht – mit Wissen zu «überhäufen». Besser wäre es, die im Sinne von Weniger-ist-mehr entscheidende Frage an die Lehrperson zu stellen: Was ist für diese Zielgruppe mit diesen Lernzielen und diesem Zeitbudget wesentlich?

Nun zwei Beispiele für das *Metaphoring*: In der systemischen Beratung gibt es den Grundsatz der Lösungsorientierung. Man geht davon aus, dass es sinnvoll ist, sich auf mögliche Lösungen zu konzentrieren, anstatt zu lange bei einem Problem zu verweilen. Das jeweilige Problem wird kurz gewürdigt, dann aber beiseite gelegt. Wer sich zu lange und zu intensiv mit seiner als problematisch empfundenen Situation beschäftigt, kann leicht in eine Art von *Problemtrance* fallen. Das heißt, dass er außer Problemen nichts mehr wahrnimmt.

Die Problemtrance

In der systemischen Beratung geht man davon aus, dass es sinnvoll ist, sich auf mögliche **Lösungen** zu konzentrieren. Das jeweilige Problem wird kurz gewürdigt, dann aber beiseite gelegt.

Wer sich zu lange und zu intensiv mit seiner als problematisch empfundenen Situation beschäftigt, kann leicht in eine Art von **Problemtrance** fallen. Das heißt, dass er außer Problemen nichts mehr wahrnimmt.

Abbildung 19: Die Problemtrance – eine Metapher

Ein anderes Beispiel stammt von dem Molekulargenetiker Francois JACOB, der eine Metapher für die Evolution entwickelt hat:

> *«Oft wird die Wirkungsweise der natürlichen Selektion mit der eines Ingenieurs verglichen. Dieser Vergleich erscheint jedoch nicht angebracht. Erstens … geht der Ingenieur nach einem vorgefassten Plan vor. Zweitens orientiert sich ein Ingenieur, der einen neuen Apparat entwirft, nicht unbedingt an älteren. Die elektrische Glühbirne wurde nicht aus der Kerze entwickelt, und das Düsentriebwerk stammt nicht vom Verbrennungsmotor ab … Die Objekte, die*

ganz neu entwickelt werden, sind nur deshalb vollkommen, weil die Ingenieure, zumindest die guten Ingenieure, den neuesten Stand der Technik nutzen.

Im Gegensatz zum Ingenieur schafft die Evolution nichts, was komplett neu wäre. Sie bedient sich des bereits Vorhandenen, indem sie ein System entweder so umwandelt, dass es eine neue Funktion erhält, oder mehrere Systeme so kombiniert, dass ein komplexeres System entsteht. Wenn wir einen Vergleich ziehen wollen, haben wir es hier nicht mit Ingenieurarbeit, sondern mit einer Bastelei oder Flickwerk zu tun … Während der Ingenieur mit Rohstoffen und Werkzeugen arbeitet, die genau zu seinem Projekt passen, arbeitet der Bastler mit allem möglichen Krimskrams … Er nimmt, was er vorfindet, alte Pappstücke, Schnurenden, Holz- und Metallabfälle, um irgendein Objekt zusammenzustoppeln, das die Aufgabe erfüllt. Der Bastler sucht sich ein Objekt, das sich zufällig in seinem Besitz befindet, und verleiht ihm eine überraschende Funktion. Aus einer alten Autofelge baut er einen Ventilator und aus einem kaputten Tisch einen Sonnenschirm.»[61]

Ihre Aufgabe

Nehmen Sie drei Inhalte, die Sie lehren – am Besten solche komplexer Natur. Finden Sie für diese Inhalte passende Geschichten und Metaphern, und erproben Sie diese:

- Welche Vorstellungen entstehen bei den Lernenden? Welche individuellen Unterschiede beobachten Sie?
- Was wird besonders gut erinnert? Warum?

Visuell reduzieren heißt, im jeweiligen Bild eine einfache visuelle Struktur herauszuschälen. Realistische Grafiken und Fotos mögen geeignet sein, um ein Gefühl für eine bestimmte Situation zu entwickeln. Damit wecken sie auch das Lerninteresse. Besteht das vorrangige Ziel einer Abbildung aber darin, den Behaltensprozess zu unterstützen, so ist eine visuelle Reduktion angeraten. Arbeiten Sie die zentralen visuellen Elemente der Abbildung heraus, und heben Sie diese hervor.

Ein Beispiel: Wahrnehmungsspeicher, Kurz- und Langzeitgedächtnis bilden die drei Stufen des Gedächtnisses. Sie unterscheiden sich hinsichtlich ihrer Speicherzeit – Wahrnehmungsspeicher im Bereich Zehntelsekunden bis Sekunden, Kurzzeitgedächtnis Sekunden bis Minuten, Langzeitgedächtnis unbegrenzt –, aber auch hinsichtlich ihrer Speicherkapazität. Während der Wahrnehmungsspeicher und das Langzeitgedächtnis große Informationsmengen aufnehmen können, bildet das Kurzzeitgedächtnis den «Flaschenhals» des Gedächtnisses. Fünf bis sieben Verarbeitungseinheiten können maximal gespeichert werden. Eine Verarbeitungseinheit kann ein Wort oder ein Satz, eine Ziffer oder eine Zahl sein, je nachdem, wie die Informationen gebündelt sind. Um diesen «Flaschenhals» zu passieren, müssen die Lerninhalte mit einer hohen Bedeutsamkeit versehen und vielfältig wiederholt werden.

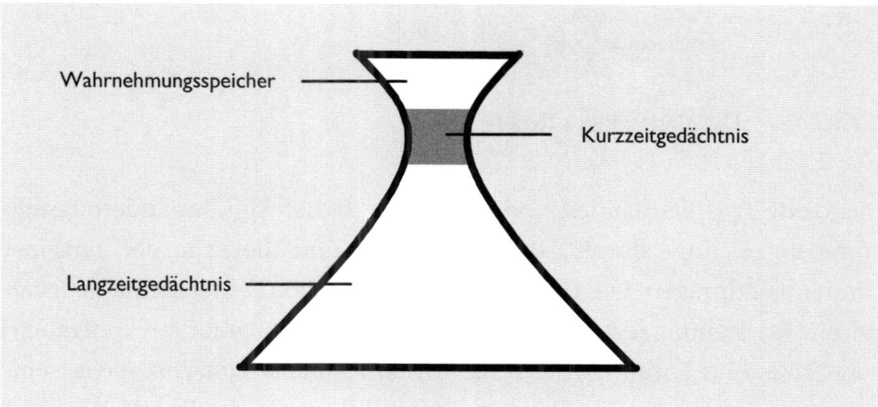

Abbildung 20: Der «Flaschenhals» des Gedächtnisses

Ein anderes Beispiel stammt aus der Physik: Die so genannte «Drei-Finger-Regel» illustriert die Richtung der Kraft, die auf einen stromdurchflossenen Leiter im Magnetfeld wirkt. An der rechten Hand spreizt man Daumen, Zeigefinger und Mittelfinger so ab, dass sie die drei Achsen eines Koordinatensystems bilden. Der Daumen wird in Richtung der technischen Stromrichtung (von Plus nach Minus) gehalten, der Zeigefinger in Richtung der Magnetfeldlinien (vom Nord- zum Südpol). Der Mittelfinger zeigt nun die Richtung der resultierenden Kraft an. Durch die «Drei-Finger-Regel» werden die unterschiedlichen Kräfte zueinander in Bezug gesetzt, und es entsteht ein Gefühl für die Wirkungsweise dieses Systems.

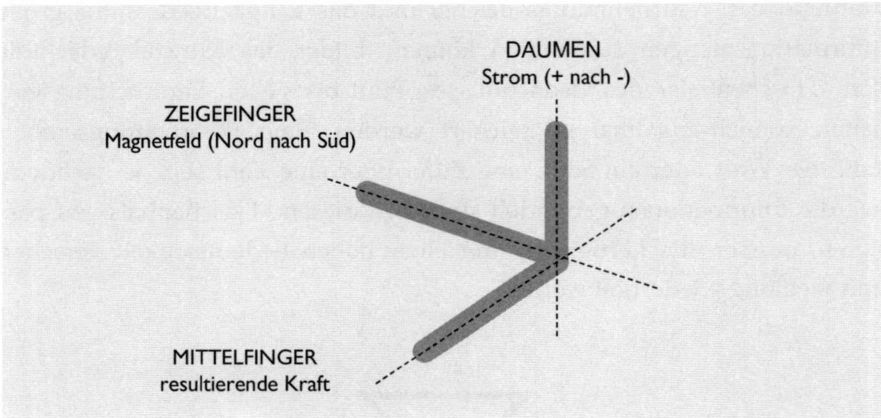

Abbildung 21: Die «Drei-Finger-Regel»

Das dritte Beispiel handelt von den 16 deutschen Bundesländern. Angenommen, es ginge darum, sich die Namen und die Lage der einzelnen Länder einzuprägen. Die Umrisszeichnung in Abb. 22 bietet eine maßstabgetreue Darstellung, das Strukturschema in Abb. 23 abstrahiert weitgehend von Größe und Form. Obgleich das Strukturschema zunächst recht fremd anmutet, leistet es für das Organisieren und Erinnern der Bundesländer eine wertvolle Hilfe. Zwei Anmerkungen vorweg: Die Städte Berlin, Hamburg und Bremen sowie das Saarland als kleine Bundesländer werden zunächst außen vor gelassen. Dann entsteht eine Struktur aus zwölf kleinen Parallelogrammen, die es in Substrukturen zu entdecken und zu organisieren gilt:

- Der «Rhein» kommt in den Namen zweier Bundesländer links außen vor: Nordrhein-Westfalen und Rheinland-Pfalz.
- Drei Länder führen «Sachsen» in ihrem Namen und bilden eine spezielle Struktur: Niedersachsen, Sachsen-Anhalt und Sachsen.
- Fünf Länder mit einem Doppelnamen bilden die linke und obere Grenze der Struktur: Baden-Württemberg, Rheinland-Pfalz, Nordrhein-Westfalen, Schleswig-Holstein und Mecklenburg-Vorpommern.
- Unten bilden Baden-Württemberg und Bayern eine Zweier-Struktur, oben Schleswig-Holstein und Mecklenburg-Vorpommern das entsprechende Gegenstück.
- Die neuen Bundesländer bilden eine Fünfer-Struktur.
- Zwei Vierer-Strukturen - von Nordrhein-Westfalen bis Brandenburg sowie von Rheinland-Pfalz bis Sachsen – sind ebenfalls zu entdecken.

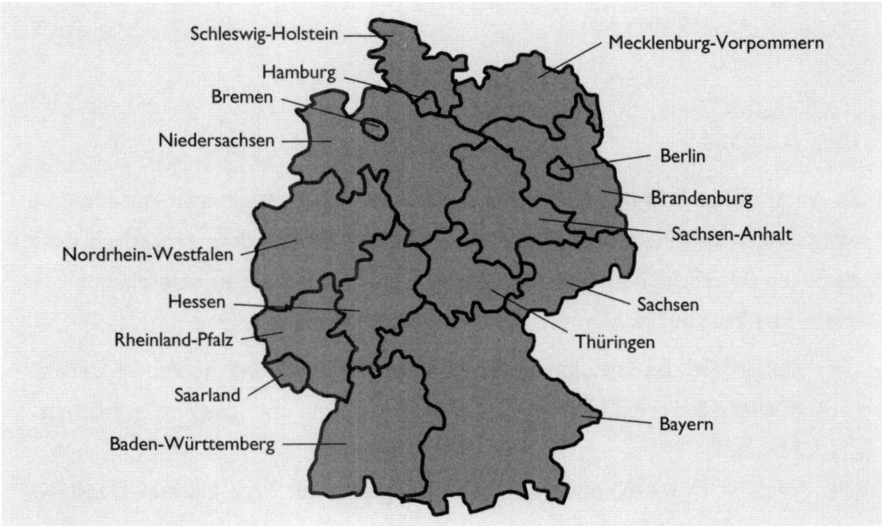

Abbildung 22: Die deutschen Bundesländer – eine Umrisszeichnung

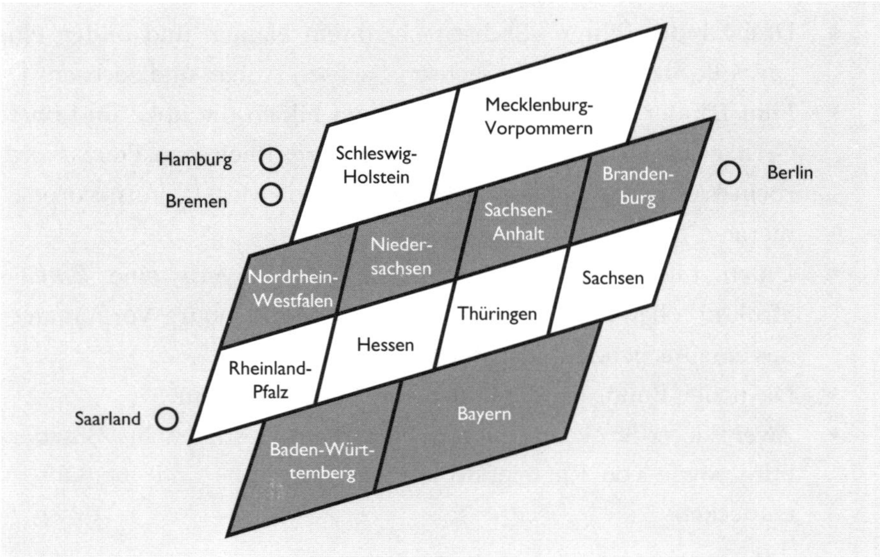

Abbildung 23: Die deutschen Bundesländer – ein Strukturschema

Ihre Aufgabe

Sie verwenden in Ihrer Lehre sicherlich visuelle Darstellungen. Wählen Sie einige Ihrer Grafiken oder Bilder aus, die Ihnen besonders realistisch oder detailgetreu erscheinen. Arbeiten Sie in diesen Abbildungen eine einfache visuelle Struktur mit hohem Erinnerungswert heraus.

- Stellen Sie das Resultat anderen Personen vor, und holen Sie deren Rückmeldung ein. Testen Sie den Lernerfolg mit einigem zeitlichen Abstand.
- Welche Unterschiede gibt es im Vergleich zu Ihrer «alten» Darstellung? Welche Elemente tragen möglicherweise zu einem besseren Erinnern bei?

3.7 Beispiel «Kaffee-ABC»: 2. Teil

Zurück zu dem Beispiel der Kaffeespezialitäten: Es gibt verschiedene Möglichkeiten, einen Inhalt zu bündeln und zu reduzieren. Ich stelle Ihnen hier einige Varianten vor, wobei ich mir bewusst bin, dass es noch etliche weitere gibt:

- *Reduktion über Kategorien*: Über ein einfaches Klassifikationsschema lassen sich die Kaffeespezialitäten nach braun/schwarz, klein/groß, kurz/verlängert, ohne/mit Obers, ohne/mit Alkohol gruppieren. So entsteht eine Vorstellung davon, welche Kompositionen möglich sind. Hier ist auch eine tabellarische Darstellung möglich.
- *Reduktion über Praxis*: In jedem Wiener Kaffeehaus werden Sie diese Kaffeespezialitäten bestellen können: den *Kleinen Schwarzen,* den *Großen Braunen* und die *Melange*. Wenn Sie sogar auf zwei Spezialitäten reduzieren möchten, dann sind der *Große Braune* und die *Melange* die richtige Wahl.
- *Exemplarisches Vorgehen*: Beispiele liefern eine Vorstellung von typischen Kaffeespezialitäten. Der *Kleine Schwarze* steht für die Kaffeespezialitäten ohne weitere Zutaten, der *Kapuziner* für diejenigen mit Milch, Kaffee- oder Schlagobers und der *Fiaker* für diejenigen mit Alkohol.
- *Extremreduktion*: Extrem zu reduzieren heißt, Inhalte radikal zu konzentrieren – in einem Satz, einem Beispiel oder einer Kurzdarstellung. Die *Maria Theresia* ist die typische Wiener Kaffeespezialität: ein Kaffee (hier: doppelter Mokka) mit einem Milchprodukt (hier: Schlagobers) und zusätzlich Alkohol (hier: Orangenlikör).
- *Track One & Track Two*: Zwei Wege führen zu den Wiener Kaffeespezialitäten. Track One ist die Abkürzung, die nur über den *Kleinen Schwarzen,* den *Kapuziner* und den *Fiaker* führt. Track Two ist der längere, aber landschaftlich reizvollere Weg und ergänzt den auf das Wesentliche reduzierten Track One. Zum *Kleinen Schwarzen* kommen jetzt noch der *Große Schwarze* und der *Verlängerte Schwarze;* zum *Fiaker* die *Maria Theresia* und weitere Kaffeespezialitäten.

- *Fachlandkarte*: Dies ist eine Landkarte der Wiener Kaffeespezialitäten. Die verschiedenen Regionen stehen für die unterschiedlichen Arten der Zubereitung (s. Abb. 24).
- *Metapher*: Eine Wiener Kaffeespezialität ist wie ein Cocktail. Vor Ihnen stehen die Zutaten: ein großes Glas Mokka, warme Milch, geschäumte Milch, Kaffeeobers, flüssiges Obers, Schlagobers, Rum und Orangenlikör. Kombinieren Sie bitte!

Welche dieser Reduktionsmöglichkeiten Sie nutzen, hängt von verschiedenen Faktoren ab: Zielgruppe, Lernziel und Zeitbudget sind einige davon. Zudem werden Sie sich die Frage stellen, was auf Seiten der Lernenden passieren soll, nachdem die so genannte «Vermittlung» abgeschlossen ist. Im Marketing ist klar, dass es weniger darum geht, zu zeigen, was ein Produkt «denn so alles kann», sondern vor allem darum, zu klären, welchen Nutzen ein Produkt für einen bestimmten Personenkreis bietet. Analog lautet die Frage im Lernprozess nicht «Was habe ich vermittelt?», sondern «Welches Wissen bzw. welche Fähigkeiten haben die Lernenden erworben?»

Abbildung 24: Wiener Kaffeespezialitäten – die Fachlandkarte

Wenn Sie sich in Ihren didaktischen Überlegungen vom *Stoff zur Kompetenz* bewegen, stellt sich die Frage der Lerntätigkeiten: Bauen Sie eine aktive Lerntätigkeit in «Ihre» fünf Minuten ein? Fordern Sie die Lernenden auf, die exemplarischen Beispiele für die Kaffeespezialitäten selbst zu bilden? Bitten Sie die Lernenden, das Klassifikationsschema selbst zu entwickeln?

Ergänzend zu der eigentlichen Reduktion gibt es unterstützende Techniken:

- *Selbstverständlichkeitscheck*: Weiß jedermann, was ein Mokka ist? Kennen die Lernenden den Unterschied zwischen Kaffeeobers, flüssigem Obers und Schlagobers? Was dürfen Sie voraussetzen, und wo besteht Erklärungsbedarf?
- *Substanzcheck*: In welcher Weise wird das Wissen der Lernenden bereichert – und zwar *wesentlich* bereichert –, wenn sie um die verschiedenen Kaffeevarianten wissen? Zu welcher neuen Erkenntnis führt das Wissen um die Vielfalt der möglichen Zutaten? Was wissen die Lernenden nach dem Lernprozess, was sie vorher noch nicht gewusst haben?
- *Siebe der Reduktion*: Wie transportieren Sie das Kaffee-ABC, wenn Sie – wie vorgesehen – fünf Minuten Zeit haben? Was machen Sie, wenn sich die verfügbare Zeit auf 20 Minuten erhöht? Wie verhalten Sie sich, wenn Sie die Kaffeespezialitäten in drei Sätzen konzentrieren müssen?

An diesem Beispiel lässt sich ablesen: *Reduktion* ist nicht nur eine *didaktische*, sondern eben auch eine *fachliche Kompetenz*. Es geht nicht darum, eine bestimmte Art der Reduktion fortwährend anzuwenden. Ganz im Gegenteil: Manchmal ist es sinnvoll, einen Sachverhalt sehr stark zu konzentrieren, manchmal ist es sinnvoll, bestimmte Inhalte quasi vollständig aufzubereiten, und manchmal ist es sinnvoll, ein mittleres Maß an Reduktion zu wählen.

Sofern es Ihnen gelungen ist, erfolgreich zu reduzieren, werden die Lernenden das an Ihrer stillen Botschaft erkennen: «Im Grunde genommen ist das alles ganz einfach.» Das Lernen fällt leicht, und es entsteht der Eindruck, als stünde ausreichend Zeit zur Verfügung. Eigentlich kein Wunder, denn wie heißt es schon bei GOETHE: «Es trägt Verstand und rechter Sinn mit wenig Kunst sich selber vor.»

4 Impulse aus Lehrmethodik und Hirnforschung

4.1 Hirnforschung und Didaktik – ein ungleiches Paar?

«Jeder Koch sollte über Ernährung und Verdauung Bescheid wissen, und jeder Trainer sollte wissen, wie Muskeln funktionieren. Der Frisör weiß etwas von Haaren, und die Kosmetikerin kennt sich aus mit der Haut und den Nägeln. Wer lehrt, sollte etwas vom Lernen und dem Organ des Lernens, dem Gehirn, verstehen.»[62] Diese Forderung von Manfred SPITZER ist schon aus rein formalen Gründen berechtigt, weil der Modus des Lernens eben auch mit der Beschaffenheit dieses Lernorgans zusammenhängt. Dies gilt unabhängig davon, ob ein direkter Nutzen für die Praxis der Lehre entsteht. Menschen, deren Kerntätigkeit das Anregen und Organisieren von Lernprozessen ist, sind hier als Professionals in der Pflicht.

Ihre Aufgabe

Hirnforschung und Didaktik sind ein ungleiches Paar, behaupte ich in diesem Abschnitt. Prüfen Sie einmal, wie Sie dazu stehen:

- Welche Erkenntnisse aus der Hirnforschung sind Ihnen vertraut? Notieren Sie kurz all das, was Sie über unser Lernorgan wissen.
- In welcher Weise berücksichtigen Sie diese Erkenntnisse in Ihrer Lehrpraxis? Bei welchen Ihrer konkreten Handlungen?

Natürlich lassen sich aus der *Hirnforschung* keine direkt umsetzbaren Rezepte und erst recht keine Systeme für Schule, Hochschule und Weiterbildung ableiten. Aber jede didaktische Praxis lässt sich daraufhin prüfen, ob sie mit den Erkenntnissen der Hirnforschung harmoniert. Wie passt beispielsweise die «elektronische Folienschleuder» mit 30 Folien in zehn Minuten zu dem Wissen über die eng begrenzte Kapazität des *Arbeitsgedächt-*

nisses? Wie passen theoretisch-abstrakt gehaltene Lehrkonzepte zu der recht gut gestützten Annahme, dass sich Lernende ihre Regeln aus Fällen und Beispielen selbst konstruieren?

Einige ausgewählte Aspekte der Hirnforschung möchte ich im Folgenden kurz beleuchten:

- die begrenzte Kapazität des Arbeitsgedächtnisses,
- die selektive Aufmerksamkeit,
- die Intensität der Verarbeitung von Informationen,
- die Abstraktion von Regeln aus Beispielen,
- das vorhandene Belohnungs- und Motivationssystem,
- die Links-Rechts-Organisation des Gehirns und
- das Wechselspiel zwischen Bauchhirn und Kopfhirn.

Das *Arbeitsgedächtnis*, das wir beispielsweise nutzen, um eine Telefonnummer kurzfristig zu merken oder den Sinn eines langen Satzes zu erfassen, hat eine *eng begrenzte Kapazität*. In diesem «Flaschenhals der Datenreduktion» werden die von außen über die Sinnesorgane einströmenden Informationen auf ein Zehnmillionstel reduziert. Dies ist, wie Frederic VESTER betont, eine zentrale Aufgabe aller Lebewesen: «die Wirklichkeit schon mit wenigen Ordnungsparametern in ihrer Gesamtheit zu erfassen, gleichsam ihr ‹Gesicht› zu erkennen.»[63] Im Arbeitsgedächtnis ist Platz für *sieben +/- zwei Verarbeitungseinheiten* wie z. B. Ziffern, Zahlen, Worte oder Sätze. Die Aufmerksamkeit so zu steuern, dass die «richtigen» sieben Inhalte dort vertreten sind, ist eine didaktische Herausforderung.

Dies lässt sich sogar verallgemeinern: Inhalte werden besser gelernt, wenn der Lernprozess mit einem hohen Maß an *selektiver Aufmerksamkeit* einhergeht. Im Unterschied zu einer allgemeinen Wachheit ist die selektive Aufmerksamkeit auf einen bestimmten Ausschnitt der Realität bezogen. Diese Aufmerksamkeit sorgt dafür, dass genau jene neuronalen Strukturen aktiviert werden, die für das Lernen jener Aspekte zuständig sind, auf die die Aufmerksamkeit gerichtet ist. In Untersuchungen hatten Versuchspersonen die Aufgabe, sich bestimmte Bilder für eine kurze Zeit anzusehen. Gleichzeitig wurde die Aktivität in den entsprechenden neuronalen Arealen dieser Personen gemessen. Anhand der erfassten neuronalen Aktivität war es möglich, vorauszusagen, welche Bilder anschließend von den Personen erinnert werden konnten. Selektive Aufmerksamkeit führt zu einer Aktivitätszunahme, und diese wiederum zu besseren Lernresultaten.[64]

Lernen ist eine Aktivität, und die Qualität des Lernens hängt von der *Intensität der Verarbeitung* ab. Wer sich mit bestimmten Inhalten intensiv auseinandersetzt, hat große Chancen, diese auch erfolgreich zu lernen. Diese Aussage lässt sich exemplarisch an einem Experiment mit Wortlisten nachvollziehen. Versuchspersonen werden gebeten, die einzelnen – nacheinander präsentierten – Wörter mit jeweils einer bestimmten Fragestellung zu betrachten:

- Ist das Wort mit Groß- oder Kleinbuchstaben geschrieben?
- Ist es ein Substantiv oder ein Verb?
- Bezeichnet es etwas Belebtes oder etwas Unbelebtes?

Die Fragen zwingen die Versuchspersonen, sich unterschiedlich stark mit den Worten zu beschäftigen. Dementsprechend ist auch die Gedächtnisleistung: Wer eher formal nach Groß- und Kleinschreibung unterscheiden muss, erinnert wenig. Wer hinsichtlich Substantiv und Verb unterscheiden muss, erinnert besser. Wer feststellen muss, ob das Wort etwas Belebtes oder Unbelebtes darstellt, erinnert am besten.[65] Die Intensität der Verarbeitung von Informationen hat demzufolge einen nachweisbaren Einfluss auf den Lernerfolg.

Eine spezielle Form von Informationsverarbeitung geschieht in der selbst erlebten Praxis. Nach neueren Erkenntnissen aus der Hirnforschung scheint es so zu sein, dass sich Lernende aus vielen Beispielen *ihre Regeln selbst produzieren* und diese nicht etwa passiv in Form eines Lernangebots übernehmen. Regeln entstehen, indem das Gehirn viele Beispiele verarbeitet und daraus ein regelhaftes Vorgehen entwickelt. In Untersuchungen mit Säuglingen konnte gezeigt werden, dass bereits in diesem frühen Alter sprachliche Strukturen gelernt werden. Die Säuglinge waren in der Lage, Strukturen der Art ABA (z. B. «ga ti ga») von solchen der Struktur ABB (z. B. «li na na») zu unterscheiden. Es entstand ein regelhaftes Vorgehen, ohne dass die Kinder nach Regeln gelernt hätten. Dies gilt auch für andere – etwa sprachliche – Fähigkeiten, die vorhanden sind, ohne dass der Betreffende Regeln für das eigene Vorgehen benennen kann. Das Wissen ist implizit vorhanden.

MENSCH	buch	wand
fließen	HÖREN	sehen
auto	rose	FALLEN
LAUFEN	erwärmen	HAND
STUHL	SPIEGEL	spielen
katze	VOGEL	DREHEN
regnen	leuchten	HIMMEL
TRINKEN	SPRECHEN	ast

(1) Ist es mit Groß- oder Kleinbuchstaben geschrieben?
(2) Ist es ein Substantiv oder ein Verb?
(3) Bezeichnet es etwas Belebtes oder etwas Unbelebtes?

Abbildung 25: Wortlisten und drei Fragen[66]

Gehirne sind «Regelabstraktionsmaschinen»,[67] die auf das *Lernen von Allgemeinem* ausgerichtet sind. Objekte, z. B. das Gesicht einer bestimmten Person, und Regeln, z. B. die Diagnose einer baustatischen Zeichnung, gehören zu diesem Allgemeinen und werden durch bestimmte Muster von Neuronen repräsentiert. Während das Lernen von Allgemeinem eher der *neurophysiologische Normalfall* ist, ist das Lernen von isolierten Einzelheiten, z. B. bestimmten Orten oder Ereignissen, eher die Ausnahme. Neue Einzelereignisse werden in den Neuronen des Hippokampus, eines Teils der Schläfenlappen, gespeichert, wie in jüngster Zeit gezeigt werden konnte. So lassen sich beispielsweise für gelernte Orte oder Vokabeln bestimmte neuronale Repräsentationen im Hippokampus nachweisen. Demgegenüber sind Regeln und Muster auch in anderen Teilen des Gehirns repräsentiert.[68]

Ihre Aufgabe

Wenn es stimmt, dass Gehirne «Regelabstraktionsmaschinen» sind, die aus Beispielen ein regelhaftes Verhalten entwickeln, dann müsste dies auch für didaktische Handlungskonzepte gelten. Diese würden dann selbsttätig aus konkreten, auf die eigene Lehrpraxis bezogenen *good practices* entwickelt. Lehrende wären somit auf anschauliche und fassbare Beispiele angewiesen, z. B. Beschreibungen einzelner Unterrichtsstunden mit konkreten Lehr- und Lernaktivitäten, anschauliche Beispiele für die Anwendung neuer Lernformen und konkrete Designs von Weiterbildungsprogrammen, hochschulischen Lehrveranstaltungen oder schulischen Monatsplanungen.

- Wäre ein solches Vorgehen über *good practices* für Sie sinnvoll und realistisch?
- Gäbe es einen Unterschied zur derzeitigen didaktischen Aus- und Weiterbildung?

Motivation wirkt sich günstig auf das Lernen aus. Grundlegend hierfür ist ein neuronales Belohnungssystem, in dem der Botenstoff Dopamin eine wesentliche Rolle spielt. Dieses System weist Dingen und Ereignissen eine Bedeutung für uns zu. «Bedeutsam ist, was neu ist (wir kennen es noch nicht und sollten damit bekannt werden), was für uns gut ist, und vor allem, was für uns besser ist, als wir das zuvor erwartet hatten.»[69] Die neuronalen Aktivierungen im Belohnungssystem lassen sich erfassen und dokumentieren dessen Reaktionen auf die unterschiedlichsten Reize – von Bildern aus unbekannten Ländern, hilfreichen Formeln bis zu einem freundlichen Wort. Da das Belohnungssystem vorhanden und gut ausgeprägt ist, kann man begründet davon ausgehen, dass Motivation für Menschen so etwas wie ein Grundzustand ist. Demzufolge sollte die Frage «Wie kann ich die Lernenden motivieren?» durch die Frage «Wie kann ich sicherstellen, dass die Lernenden nicht demotiviert sind?» ersetzt werden. Die Parallele zum Ansatz von Reinhard SPRENGER ist unverkennbar: Mythos Motivation.[70]

Ein – vor allem in Lernratgebern – viel diskutiertes Thema ist die so genannte *Links-Rechts-Organisation des Gehirns.* Gemeint sind die unterschiedlichen Funktionen der beiden Hemisphären des Großhirns, die allerdings weit weniger stark ausgeprägt sind, als dies immer wieder angenommen wird. Zusammenfassend lässt sich sagen, dass die linke Hirnhälfte mehr für gesprochene und geschriebene Sprache sowie mathematische Fähigkeiten zuständig ist, die rechte hingegen mehr für räumliches Vorstellungsvermögen und das Erkennen von Mustern. Die Betonung liegt auf «mehr», denn eindeutige Zuordnungen lassen sich nicht herstellen.

Am Beispiel der Sprache lässt sich dies nachvollziehen: In der linken Gehirnhälfte sind Phoneme und Wortbedeutungen lokalisiert, in der rechten die Sprachmelodie und der emotionale Bestandteil von Sprache. Aus den genannten Gründen sind Konsequenzen aus der Links-Rechts-Organisation nur mit Vorsicht zu ziehen. Eine pauschaler «Rechtsruck» ist nicht zu rechtfertigen.[71] Eine duale Aufnahme und Verarbeitung von Lerninhalten hingegen ist durchaus sinnvoll: Sprachliche Informationen – egal ob schriftlich oder mündlich – sind visuell zu «doppeln».

Neuere Erkenntnisse aus der Neurogastroenterologie legen nahe, dass psychische Prozesse und das Verdauungssystem weit enger gekoppelt sind, als bislang angenommen wurde: es gibt ein *Wechselspiel zwischen Bauchhirn und Kopfhirn.* Das so genannte *Bauchhirn* begleitet alle emotionalen Prozesse und bildet eine Art «Gefühlsteppich», der Entscheidungen beeinflusst. Antonio DAMASIO verweist auf *psychosomatische Markierungen:* «Somatische Marker nehmen uns das Denken nicht ab. Sie helfen uns beim Denken, indem sie einige (gefährliche oder günstige) Wahlmöglichkeiten ins rechte Licht rücken und sie rasch aus allen weiteren Überlegungen ausklammern. Sie können sich das Ganze als ein automatisches System zur Bewertung von Vorhersagen vorstellen, dass die außerordentlich verschiedenen Szenarien Ihrer antizipierten Zukunft beurteilt, ob Sie es wünschen oder nicht. Es handelt sich gewissermaßen um einen Tendenzapparat.»[72]

Gestützt werden diese Annahmen durch die Tatsache, dass 90 Prozent der Nervenverbindungen vom Bauchhirn zum Kopfhirn verlaufen und nur zehn Prozent in umgekehrter Richtung.[73] Zudem weisen Bauch- und Kopfhirn ähnliche Zell- und Molekularstrukturen auf, so dass beispielsweise Psychopharmaka häufig auch auf den Darm wirken. Sicher wäre es vermessen, den Sitz der Intuition im Bauch anzusiedeln, aber zumindest lässt sich begründet festhalten, dass der emotionale Gefühlsteppich aus dem Bauchhirn Erfahrungen aktiviert, die für anstehende Entscheidungen hilfreich sein können.

Ihre Aufgabe

In diesem Abschnitt sind einige Ergebnisse aus der Gedächtnis- bzw. Hirnforschung aufgeführt. Recherchieren Sie jene Aussagen noch ein wenig genauer, die für Sie besonders bedeutsam sind.

- Welche Konsequenzen ergeben sich für Ihre Lehre?
- Welches Lehrhandeln ist mit den dargestellten Erkenntnissen verträglich, welches nicht?

Sicher wäre es nicht angemessen, aus den Erkenntnissen der Hirnforschung eine Art *Neurodidaktik* zu entwickeln. Wohl aber lassen sich lernpsychologische Ergebnisse und didaktische Annahmen stützen, präzisieren oder relativieren. Von daher spricht einiges für die Forderung an alle, die lehren, und viele, die lernen: Kenntnisse des Lernorgans sind hilfreich und erforderlich zugleich – zwar nicht *vollständig,* aber doch *gründlich.*

4.2 Kognitivismus und Konstruktivismus – Hilfen für die Lehrpraxis?

Didaktische Ansätze lassen sich lerntheoretisch begründen. In diesem Fall werden Gesetzmäßigkeiten erfasst, die die Bedingungen erfolgreicher Lernprozesse beschreiben. Gegenwärtig lassen sich drei lerntheoretische Ansätze unterscheiden[74]:

- Der *behavioristische Ansatz* geht davon aus, dass Menschen ein bestimmtes Verhalten am wahrscheinlichsten zeigen, wenn sie dafür belohnt werden. Demzufolge werden die einzelnen Lernschritte so entwickelt, dass der Lernstoff aktiv zu bearbeiten ist, eine hohe Erfolgswahrscheinlichkeit besteht und eine Rückmeldung erfolgt.
- Der *kognitivistische Ansatz* nimmt die internen Prozesse der Informationsaufnahme und -verarbeitung in den Blick. Von Interesse sind Erwartung und Motivation, Gedächtnis und Speicherung sowie Reaktivierung und Transfer. Lernprozesse werden aktiv und selbständig angegangen und führen zum Aufbau kognitiver Strukturen.
- Der *konstruktivistische Ansatz* geht davon aus, dass Wissen im Prozess des Lernens subjektiv und individuell konstruiert wird. Das neu konstruierte Wissen schließt immer an das jeweilige Vorwissen an und ist mit diesem auf das Engste verwoben, wodurch eine «Weitergabe» oder «Wissensübermittlung» an andere Personen unmöglich wird. Lernumwelten werden so gestaltet, dass vielfältige Konstruktionsleistungen möglich sind.

Lerntheoretische Impulse kommen derzeit vor allem aus dem Konstruktivismus. Lernen wird als Konstruktion von Wirklichkeit begriffen, und Lehren ist die Ermöglichung von Lernen. Menschen verarbeiten insbesondere jene Informationen, die in ihr kognitives und emotionales System passen und die ihnen als sinnvoll und brauchbar erscheinen. Von daher müssen neue Lerninhalte «anschlussfähig» sein, das heißt sie müssen sich mit den vorhandenen Erfahrungen und Wissensbeständen verknüpfen lassen.

Unterstützt wird der konstruktivistische Ansatz durch Erkenntnisse aus der Hirnforschung. Demnach erhalten 99,9 % aller Hirnzellen ihren Input von anderen Hirnzellen und liefern ihren Output an andere Hirnzellen. Überspitzt ausgedrückt: «Unser Gehirn beschäftigt sich fast ausschließlich mit sich selbst.»[75]

Dies bedeutet auch, dass wir uns von der Illusion verabschieden müssen, dass die Lernenden genau das lernen, was gelehrt wird. Lernen ist keine Spiegelung von Lehren, und eine solche Auffassung darf nach Klaus

HOLZKAMP als *Lehr-Lern-Kurzschluss* bezeichnet werden. Aufgabe der Didaktik ist es demnach, Inhalte so bereitzustellen, dass Lernen möglich wird. Lernende müssen Gelegenheit zum «Andocken» haben (s. Abb. 26).[76]

Ihre Aufgabe

Matthias HORX beschreibt die aktuelle Situation in den Schulen wie folgt: «Vorn steht einer und erzählt. Die anderen müssen still sitzen und zuhören. 20, 30 junge Menschen versuchen verzweifelt, die Motorik ihrer von Hormonen und Bewegungsdrang getriebenen Körper in den Griff zu bekommen. Der Lehrer stellt Fragen, um die Schüler an die Lösung zu führen. Er betreibt ‹Osterhasen-Pädagogik›: Ich weiß die einzige Lösung, aber ich verstecke mein Wissen! Das ist die klassische, deprimierende Situation der industriellen Schule. Eben keine *Lern*situation, sondern eine *Belehr*situation.»
Für die Zukunft prophezeit Horx: «Aus Bildungs*abschlüssen* werden Bildungs*anschlüsse*, die zu lebenslangem Weiterlernen befähigen. In diesem Kontext wird Hochbildung radikal entakademisiert: ‹Hochgebildet› ist nun nicht jemand mit drei Professorentiteln, sondern jemand mit einem hohen Potenzial von Um-, Weiter- und Wiederlernen. … Dass Lehrer in diesem Prozess radikal ihre Rolle ändern, liegt auf der Hand. Sie sind in Zukunft keine Dealer mehr, die den Schüler mit vorgefertigten Wahrheiten und monströsen Curricula anfixen (‹Stoffvermittler›!). Das erniedrigt nicht die Rolle des Lehrers, sondern wertet sie – endlich – auf. Er ist nicht mehr der Statthalter hermetischer Wahrheit, sondern kann endlich selbst dazulernen. Das ist ungleich erfüllender als jenes Sisyphos-Spiel, das unsere Lehrer heute in Frühpension, Depression und Burn-out treibt.»[77]

- Schätzen Sie das Horx'sche Szenario als realistisch ein? Was sind Ihrer Meinung nach Gründe für das Zustandekommen von «Bildungs*anschlüssen*», was spricht dagegen?

Obgleich das konstruktivistische Konzept derzeit stark propagiert wird, sei darauf hingewiesen, dass sich die aufgeführten lerntheoretischen Ansätze nicht grundsätzlich ausschließen, jedenfalls nicht hinsichtlich ihrer Folgerungen. Zwar ist beispielsweise eine Vorstellung, die Lernen unter dem behavioristischen Paradigma sieht und interne Verarbeitungsprozesse ausklammert, nicht mit kognitivistischen oder konstruktivistischen Ansätzen vereinbar – diese betonen in unterschiedlich starkem Maße die individuellen Konstruktionsleistungen. Doch taucht beispielsweise bei allen drei Ansätzen der Hinweis auf, den Lerner zu aktivieren – wenn auch in unterschiedlich starkem Maße und auf unterschiedliche Weise.

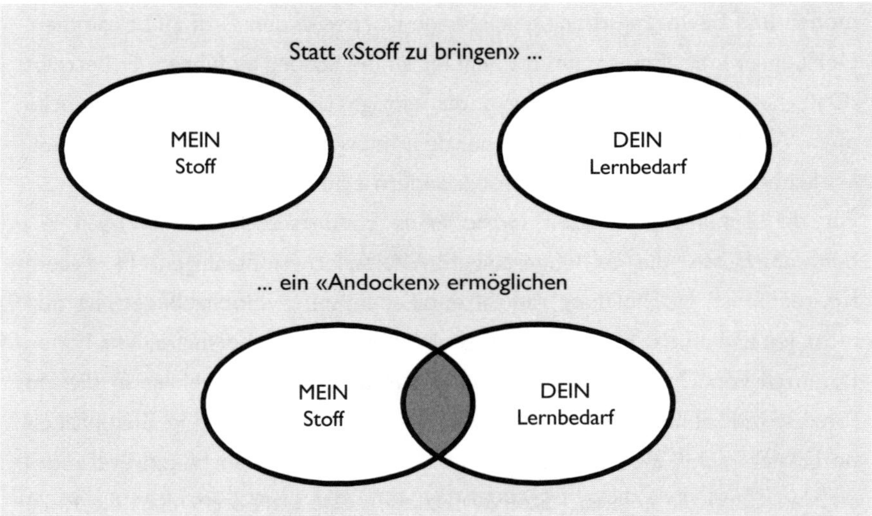

Abbildung 26: Das «Andocken» ermöglichen

Zudem gibt es empirische Hinweise darauf, dass sowohl die eher kognitivistisch ausgerichtete Lehre, bei der die methodisch-didaktische Präsentation der Inhalte im Mittelpunkt steht, als auch die eher konstruktivistisch orientierte Gestaltung von Lernumgebungen in bestimmten Kontexten erfolgreich sein können:

- Im Vergleich zur systematischen direkten Instruktion führen selbstgesteuerte, handlungsorientierte Erarbeitungsformen zu einer

höheren Lernmotivation und zum Erwerb von praktisch nutzbaren Kompetenzen anstelle eines trägen Wissens.
- Die Lernergebnisse sind bei handlungsorientierten Arbeitsformen aber nicht zwangsläufig besser als bei einer klassischen Lehre. Vor allem bei Aufgaben mit hoher Komplexität und bei eher schwächeren Lernenden entsteht leicht eine Überforderung aufgrund fehlender Strukturierung und Klarheit der Lernaufgaben und Lernergebnisse.[78]

Für den Umgang mit großen Stoffmengen stelle ich Ihnen zwei Techniken vor – die eine ist eher kognitivistisch, die andere eher konstruktivistisch geprägt:

- *«Advance organizer»*: Dies ist eine «früh im Lernprozess vermittelte Expertenstruktur», die den Lernenden dabei hilft, sich inhaltlich zu orientieren. Auf einer Folie oder einem Arbeitsblatt werden ca. 15 Begriffe, Fragen oder Ideen vorgestellt. Wichtige Zusammenhänge werden angedeutet und einzelne Aspekte visualisiert. Der Lehrende präsentiert den «Advance Organizer» in max. 15 Minuten. Im optimalen Fall wird Lerninteresse geweckt, vorhandenes mit neuem Wissen verknüpft und die Aufmerksamkeit der Lernenden gelenkt.[79] Diese Technik ist eher dem kognitivistischen Ansatz zuzuordnen, da der Schwerpunkt auf der Vorgabe einer für alle Lernenden gleichen Expertenstruktur liegt.
- *Struktur-Lege-Technik*: Hier geht es darum, auf Kärtchen notierte Begriffe in eine bestimmte Struktur zu bringen und Verknüpfungen zu erklären. Zwei Varianten sind praktikabel: In der einen Variante werden die Karten vom Lehrenden vorbereitet und an die Lernenden für das aktive Strukturieren ausgegeben. In der anderen Variante erstellen die Lernenden ihre Karten zu einem vorgegebenen Thema selbst. Bei beiden Varianten werden Inhalte intensiv verarbeitet. Die gebildeten Strukturen sind in der Regel unterschiedlich, was ganz im Sinne dieser eher konstruktivistisch geprägten Methode ist. Wichtig ist die gründliche Auseinandersetzung mit Inhalten,

die auch aus dem Abgleich mit den Strukturen anderer Lernender entstehen kann.

Abbildung 27: «Advance Organizer»: Mit großen Stoffmengen umgehen

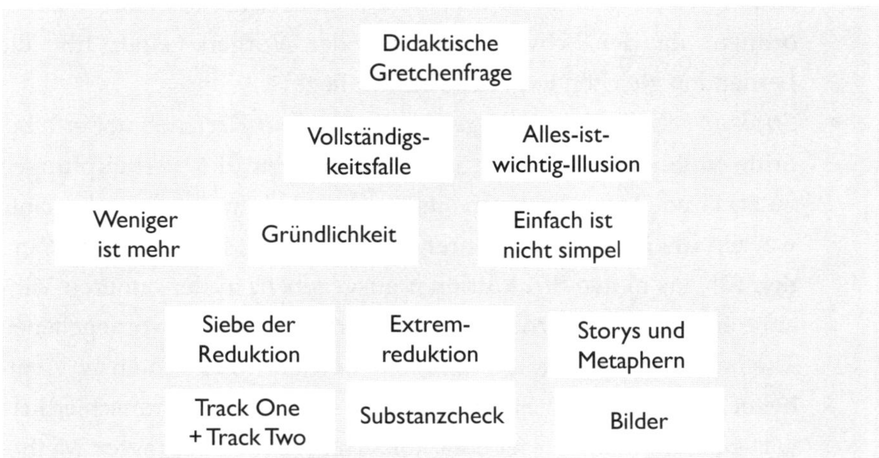

Abbildung 28: Struktur-Lege-Technik: «Viel Stoff – wenig Zeit»

Die Struktur-Lege-Technik steht in enger Beziehung zu den in diesem Buch vorgestellten Techniken der Reduktion:

- Die *Extremreduktion* führt im Ergebnis zu einer hoch konzentrierten Struktur, wie das Beispiel der Tenniszählregeln deutlich macht. Sie ist also eine verdichtete Form des «Advance Organizers».
- Die Arbeit mit *Track One & Track Two* in Verbindung mit dem Instrument der *Fachlandkarte* ist die Herausforderung, ein Thema in seiner Gänze zu präsentieren und gleichzeitig zu entscheiden, was für die jeweilige Zielgruppe wesentlich ist. Am Beispiel des Layoutierens ist dies nachvollziehbar.
- Auch *Storys, Metaphern und Bilder* zwingen zu einer Strukturentscheidung. Die Struktur entsteht implizit und wird über die jeweilige analoge Form der Reduktion vermittelt. Die Metapher der Problemtrance ist ein solches Beispiel.

Ihre Aufgabe

Horst SPEICHERT stellt in seinem Buch «Kopfspiele» die Memorier-Mühle vor, ein Gedächtnisspiel, bei dem die Mitspieler in zehn Minuten so viele Begriffe als möglich auswendig lernen sollen. Der Spielleiter teilt jeweils 48 Karten mit den zu lernenden Tier- und Pflanzenbegriffen aus. Nach Ablauf der Merkzeit notieren die Mitspieler die erinnerten Begriffe. Der Clou bei dem Spiel: Es werden zwei Gruppen gebildet. Auf den Karten von Gruppe A steht nur der jeweilige Begriff, auf den Karten von Gruppe B zusätzlich zu dem Begriff eine entsprechende Kategorie. So findet sich beispielsweise bei Gruppe B auf der Karte mit dem Begriff Elefant auch die Kategorie «Säugetiere» vermerkt.

- Welche Gruppe schneidet bei diesem Wettbewerb insgesamt besser ab?[80]
- Entwickeln Sie eine Memorier-Mühle zu einem Ihrer Themen, und spielen Sie dies Lernspiel mit Ihren Lernenden.

4.3 Reduzieren und Aktivieren: Wie die Konzentration auf das Wesentliche aktives Lernen fördert

Es gibt einen direkten Zusammenhang zwischen Reduzieren und Aktivieren:

- *Reduzierte Inhalte ermöglichen aktive Lerntätigkeiten*: Inhalte werden erfolgreich gelernt, wenn sie intensiv erschlossen und verarbeitet werden. Aktive Lerntätigkeiten sind deshalb auf zeitliche Spielräume verwiesen.
- *Das Reduzieren selbst ist eine aktive Lerntätigkeit*: Wer Inhalte auswählt und konzentriert, setzt sich intensiv mit dem Thema auseinander. Begründet nach «wesentlich» und «nicht wesentlich» zu unterscheiden ist eine anspruchsvolle Lerntätigkeit.

Lernen ist ein aktiver Prozess. Diese Aussage ist inzwischen durch eine Vielzahl wissenschaftlicher Untersuchungen gestützt, ein derartiges Experiment (Verarbeitungstiefe) finden Sie in Kapitel 4.1. Wie wirksam es sein kann, sich mit Inhalten *aktiv* auseinanderzusetzen, lässt sich an zwei Erfahrungen festmachen, die viele von uns als Lernende und Lehrende gemacht haben: Wer in seiner Schulzeit einen so genannten Schummler oder Spickzettel erstellt hat, um bei Klassenarbeiten zu bestehen, konnte den Stoff danach nicht nur besser reproduzieren, sondern war ein manches Mal gar nicht mehr auf die Unterstützung durch den Spickzettel angewiesen. Kein Wunder: Das Erstellen eines Spickzettels ist – je nachdem wie aktiv man sich dabei mit den Inhalten auseinandersetzt – eine Lerntätigkeit und trägt dazu bei, Inhalte zu verarbeiten. Die Konsequenz: Schüler sollten viel mehr zum Erstellen von Spickzetteln angehalten werden – je größer und konstruktiver der eigene Anteil daran ist, desto besser.

Die andere Erfahrung bezieht sich auch auf das eigene Lernen: «Wenn ich etwas lernen möchte, dann lehre ich es», heißt ein geflügeltes Wort unter Lehrenden. Lehren ist eine Möglichkeit, den Stoff nachhaltig zu verarbeiten. Dementsprechend gibt es das Konzept «Lernen durch Lehren»,[81] das diese Möglichkeit aktiven Lernens nutzt. Auch bei der Methode *Gruppenpuzzle* gibt es eine Phase gegenseitigen Erklärens und Lehrens, die diese speziellen Lernmöglichkeiten aufgreift. Überspitzt formuliert gilt für alle Formen traditioneller *Vortragsdidaktik*, dass einer dabei besonders gut und viel lernt: der Lehrende.

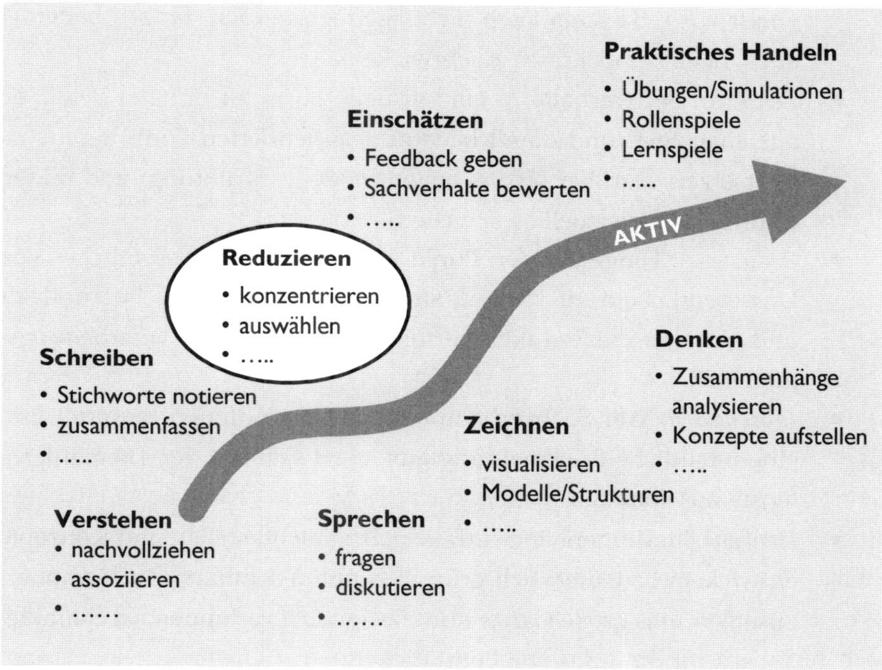

Abbildung 29: Eine Vielfalt an Lernaktivitäten

Es gibt eine Vielzahl von Lernaktivitäten, die ich kategorisiert habe:

- *Verstehen*: Wer einen Sachverhalt begreift und dabei den Zusammenhang erfasst, versteht den Inhalt. Dies gelingt, indem Bekanntes mit Neuem sinngemäß verbunden wird. Das reine Verstehen ist eine im Vergleich zu anderen Tätigkeiten eher schwache Lernaktivität.
- *Schreiben*: «Sie brauchen nicht mitzuschreiben, am Ende gibt es ein Handout», heißt es oft bei Präsentationen. Diese Aussage ist zwar wohlwollend gemeint, aber der Sache nach falsch, denn viele Men-

schen lernen auch dadurch, dass sie Dinge notieren, zusammenfassen, mit eigenen Worten oder stichwortartig festhalten.

- *Sprechen*: Inhalte sinngemäß wiedergeben und diskutieren sind Lerntätigkeiten, ebenso das Fragenstellen. Es gilt: Wo nichts gewusst wird, da kann auch nichts gefragt werden. Fragen bedeutet auch, neue Perspektiven zu entwickeln.
- *Zeichnen*: Sachverhalte in eine visuelle Form zu bringen heißt, sie aus einer text- und damit bedeutungsorientierten Form heraus zu übersetzen. Darüber hinaus helfen Modelle, Strukturen und Bilder, Informationen visuell zu speichern.
- *Reduzieren*: Dinge auf den Punkt zu bringen und Wesentliches von Unwesentlichem zu trennen sind Lerntätigkeiten. Je begründeter und gezielter die Reduktion erfolgt, desto höher die Verarbeitungsintensität.
- *Einschätzen*: Wer Sachverhalte anhand von Kriterien bewertet und eine inhaltliche Rückmeldung gibt, setzt sich mit der Thematik intensiv auseinander.
- *Denken*: Zusammenhänge erfassen, Bezüge herstellen und Konzepte entwickeln bedeutet, sich gründlich mit den Inhalten auseinanderzusetzen. Das große Ganze und die Teile zu verbinden, ist charakteristisch für diese Art von Lerntätigkeit.
- *Praktisches Handeln*: Im Lernfeld sind es Fallbeispiele, Übungen und Simulationen, die auf das Handeln in der Praxis vorbereiten. In der Praxis selbst wird die Transferleistung durch reale Aufgaben eingefordert.

Diese Liste ist längst nicht vollständig, denn es gibt weitere Lerntätigkeiten: *Präzisieren* und *Definieren* gehören dazu, aber auch das *Prüfen* und *Geprüftwerden*. *Lernmaterialien* mit Fragen, Impulsen und Aufgaben zu entwickeln und *Lernspiele* zu erfinden sind Möglichkeiten, einen Inhalt aktiv anzugehen. Eine professionelle Lehre baut auf diese Vielfalt der Lerntätigkeiten; diese anzustoßen und zu organisieren ist eine zentrale Aufgabe der Lehrenden.

Ihre Aufgabe

Es gibt eine Vielzahl an Lerntätigkeiten: Schreiben, Sprechen, Reduzieren, Einschätzen und praktisches Handeln sind einige der Kategorien.

- Konkretisieren Sie für Ihre Lehre, welche Lerntätigkeiten Sie bei den Lernenden anregen und organisieren. Beschreiben Sie die jeweilige Aktivität möglichst genau. Kommen Sie auf mehr als 20 verschiedene Aktivitäten?
- Überlegen Sie, welche Lernaktivitäten Sie noch in Ihr Repertoire aufnehmen wollen.

Der Vielfalt dieser aktiven Verarbeitungsmöglichkeiten möchte ich ein Konzept gegenüberstellen, das das Lernen nur in eingeschränkter Form unterstützt: die so genannte *Osterhasenpädagogik*: «So wie an Ostern Eier versteckt werden, so versteckt die Lehrperson ihr wertvolles Wissen, und die Schülerinnen und Schüler müssen es suchen. Gemeint ist die in Deutschland weit verbreitete Praxis des fragend-entwickelnden Unterrichts. Anstatt das erforderliche Wissen verständlich und gut geordnet zu präsentieren (das gilt als abzulehnender Frontalunterricht), wird das Wissen ‹erarbeitet›. Dazu stellt die Lehrperson Fragen, auf welche die Schülerinnen und Schüler antworten sollen (das gilt als zu befürwortender, positiver Lernprozess, obwohl ebenfalls frontal gesteuert).»

Diethelm WAHL kritisiert diese Form der Lehre scharf, insbesondere die durch geringe Planung hervorgerufene Beliebigkeit des Lernprozesses: «Der logisch stringente Charakter der Wissensvermittlung geht verloren. Problemlöseprozesse werden verhindert oder abgebrochen. Bei der Schnelligkeit der menschlichen Interaktion bleibt wenig Zeit zum Nachdenken. Stattdessen operieren die Schüler auf der Ebene der bloßen Reproduktion von Wissenselementen oder mit schlichtem Raten. Der fragend-entwickelnde Unterricht ist unauslöschlich in den subjektiven Theorien der Lehrerinnen und Lehrer verankert, weil diese in der Regel 13 Jahre lang so unterrichtet wurden. Es ist die dominierende Methode in der eigenen Biografie. Offenbar sitzt die ‹Osterhasenpädagogik› so tief und so fest, dass alternative didaktische Konzepte es schwer haben, sich dagegen zu behaupten.»[82]

Ihre Aufgabe

Eine typische Situation: Teilnehmer erleben eine 90-minütige Präsentation, der Vortragende ist ihnen sympathisch, arbeitet anschaulich, nutzt viele Beispiele und stellt einen Bezug zur Praxis her. Gefragt, wie der Vortrag auf sie gewirkt habe, antworten die Teilnehmer einhellig: «Informativ, sehr informativ».

- Angenommen, die Teilnehmer müssten im Anschluss an die Präsentation eine Art Test machen, in dem sie nach Inhalten gefragt würden. Wie fällt das Ergebnis Ihrer Meinung nach aus? Gut, zufriedenstellend, schlecht? Wieso nehmen Sie dies an?
- Gilt die Gleichung: «Verstehen = Lernen»? Ist das «subjektive Lernerlebnis», das die Teilnehmer haben, identisch mit einer intensiven Verarbeitung?

Der Aussage «Lernen ist ein aktiver Prozess» wird vermutlich eine große Anzahl von Lehrenden und Lernenden zustimmen. Trotzdem vermute ich, dass diese Aussage in ihrer Bedeutung stark unterschätzt wird. Denn wenn die Aussage zuträfe, müssten sich Lehrende vor allem damit beschäftigen, Lerntätigkeiten anzuregen und zu begleiten. Meiner Einschätzung nach setzen sich viele Lehrende aber mit genau dieser Aufgabe nur wenig auseinander; stattdessen konzentrieren sie sich darauf, umfängliche Mengen an Wissen bereitzustellen: Es scheint, als wäre es manchmal wichtiger, Vollständigkeit sicherzustellen, als den Stoff vielfältig und aktiv verarbeiten zu lassen.

Das *Lehrsandwich* legt eine Zweiphasigkeit des Handelns nahe: Wissen bereitstellen und Lernaktivitäten anregen. In der Entwicklung von *Lehrkompetenz* verschiebt sich der Fokus von einer Orientierung auf das Selbst und den Stoff hin zu einer Orientierung auf die Lernenden und deren Aktivitäten. Diese Zweiphasigkeit gilt sowohl für das Präsenzlernen als auch für alle Formen von Fernlehren, z. B. E-Learning bzw. Blended Learning.

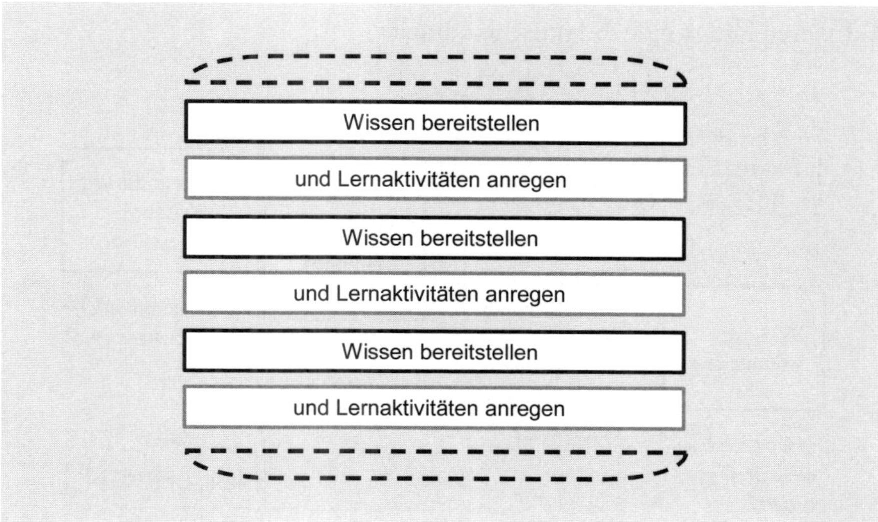

Abbildung 30: Das Lehrsandwich

Adi WINTELER hat die Entwicklung der Lehrkompetenz im Bereich der Hochschuldidaktik durch Fragen der Lehrenden charakterisiert:

- Wie kann ich die Lehre überleben?
- Beherrsche ich den Stoff?
- Habe ich auch wirklich alles berücksichtigt?
- Wie soll ich lehren?
- Wie erreiche ich, dass die Lernenden den Stoff in ihre Köpfe bekommen?
- Wie kann ich erreichen, dass sie es lernen?
- Wie kann ich die Lernenden dazu bringen, konzeptionell zu lernen?
- Wie kann ich die Lernenden dabei unterstützen, unabhängig zu denken und zu lernen?[83]

Je weiter die Lehrkompetenz in diesem Stufenmodell entwickelt ist, desto stärker fokussiert sie die Aktivitäten der Lernenden und desto weiter entfernt sie sich von der Idee der Vollständigkeit. Aktives Lernen ist nur durch eine Konzentration auf das Wesentliche machbar: Reduzieren und Aktivieren bilden eine didaktische Einheit.

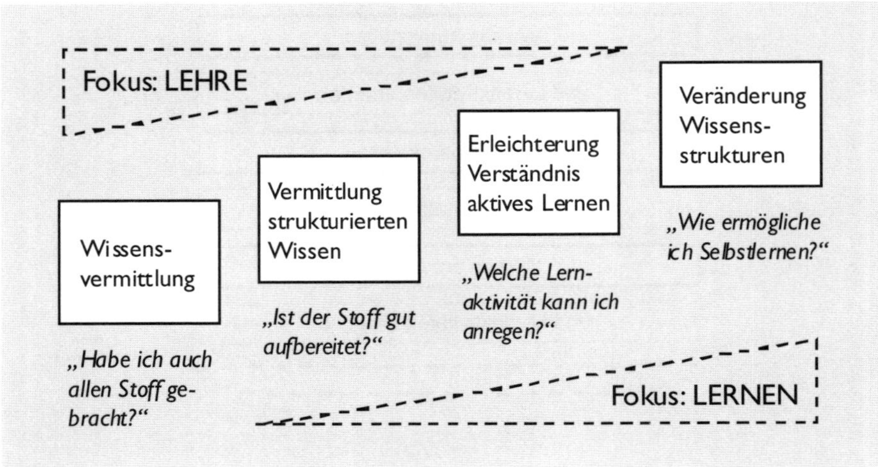

Abbildung 31: Orientierungen des Lehrens[84]

4.4 «Neue» Lehrmethoden – Déjà vu

«Innovative Lehrformen», «Neues aus der Methodenwerkstatt» – so oder ähnlich lauten die Titel von Veranstaltungen, in denen didaktische Methoden vorgestellt werden, mit deren Hilfe sich besser, schneller oder effektiver lehren lässt. Eine Vielzahl von Verfahren wird da präsentiert: vom *Action Learning* über das *Accelerated Learning* hin zum *Blended Learning,* vom *Selbstorganisierten Lernen* über das *Multimediale Lernen in fraktaler Organisation* bis zum *Problem-Based Learning.* Ein Blick in die Geschichte der Lehre zeigt, dass vieles gar nicht so neu ist, wie es auf den ersten Blick anmutet. Ein methodisch-didaktisches Déjà-vu-Gefühl stellt sich oft ein.

Die Methode des *Problem-Based Learning,* eines mehrstufigen Verfahrens, bei dem ein gegebenes Problem bearbeitet und daran gelernt wird, wurde in den 1960er-Jahren entwickelt. Seit mehr als 30 Jahren setzt beispielsweise die Universität Maastricht in ihrem gesamten Studienbetrieb dieses Verfahren ein. Das *Gruppenpuzzle,* eine Methode, die in den späten 1970er-Jahren entwickelt und erstmalig in dem Buch *The Jigsaw Classroom* vorgestellt wurde, setzt die Idee des aktiven und sozialen Lernens konsequent um. Die schulische Lehre im deutschen Bundesland Baden-Württemberg greift heute auf dieses Verfahren zurück.

Im deutschsprachigen Bereich lässt sich seit Frederic VESTERS Buch *Denken, Lernen, Vergessen* und dem gleichnamigen Film aus den frühen 1970er-Jahren eine Popularisierung des Themas Lernen beobachten. Während die Frage, wie denn erfolgreich gelernt wird, schon früh diskutiert wurde, werden entsprechende Gedanken zur Lehre in organisierten Bildungsprozessen erst später angestellt. Spätestens seit den 1990er-Jahren ist auch hinsichtlich der Lehrfrage Bewegung entstanden. Angeregt durch Impulse aus der beruflichen Weiterbildung, beginnt auch in Schule und Hochschule ein Nachdenken über effektive Lehrformen. Die PISA-Studien, der Aufbau eines europäischen Hochschulraums und die Notwendigkeit lebenslangen Lernens tun ein Übriges dazu, dass Lehrmethoden stärker als bislang in den Blick genommen werden.

Man ist sich einig, dass es nicht mehr ausreicht, eine traditionelle Vortragsdidaktik durch ausgewiesene Fachleute umzusetzen. In der Folge ist eine rege Betriebsamkeit um die «neuen» Lehr- und Lernformen entstanden. Was heißt nun aber «neu»? Stellvertretend für die «neuen» Lehrformen stelle ich exemplarisch drei Methoden vor, mit deren Hilfe Wissen vermittelt und erarbeitet werden kann:

- Wechselseitiges Lehren und Lernen,
- Selbstgesteuertes Lernen,
- Problembasiertes Lernen.

Das *Wechselseitige Lehren und Lernen* umfasst verschiedene methodische Ausprägungen. Als vielfältig einsetzbaren Prototyp stelle ich Ihnen das

Gruppenpuzzle vor, das wie viele der «neuen» Lehrformen sowohl Elemente des aktiven wie des sozialen Lernens enthält.[85] Es kann Teil eines didaktisch-methodischen Arrangements für eine 90-Minuten-Einheit sein oder aber die dominierende Form eines über Wochen angelegten Projektlernens. Bei der Methode *Gruppenpuzzle* wechselt sich die Arbeit in den so genannten Stammgruppen und Expertengruppen ab: Jedes Mitglied einer auf Dauer angelegten Stammgruppe von etwa drei bis fünf Lernenden geht in eine Expertengruppe, um dort einen bestimmten Lernstoff zu erarbeiten. Wieder zurück in den Stammgruppen geben die Experten ihr Wissen an die anderen Gruppenmitglieder weiter und regen zu verschiedenen Lernaktivitäten an.

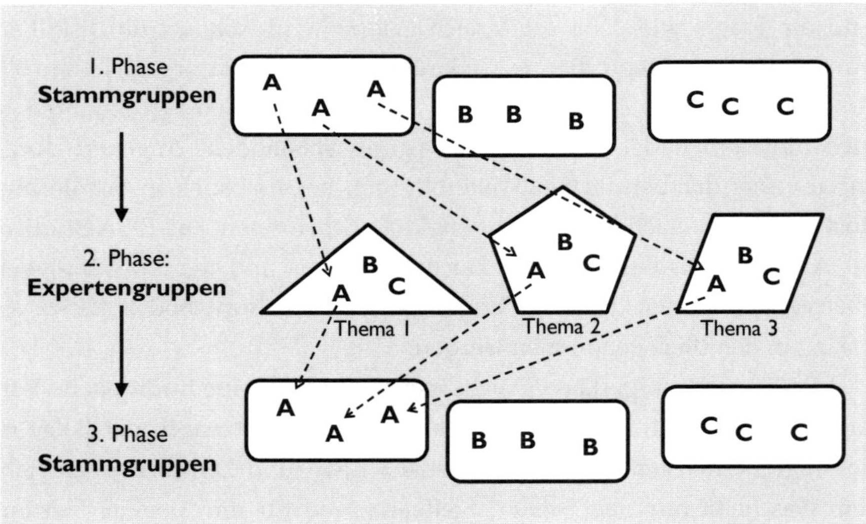

Abbildung 32: Gruppenpuzzle – eine Form des wechselseitigen Lehrens und Lernens

Die scheinbaren Vorzüge des Gruppenpuzzles haben allerdings ihren Preis: Aktives und soziales Lernen benötigen Zeit, und demzufolge müssen inhaltliche Prioritäten gesetzt werden. Wie auch immer das Gruppenpuzzle eingesetzt wird, zwingt es die Lehrperson dazu, sich mit der Frage zu beschäftigen, welche Inhalte gelernt werden sollen. Zudem ist das Verfahren so angelegt, dass die Lernenden vermutlich den Stoff am besten beherrschen, den sie selbst erarbeitet und vermittelt haben. Dieses zu akzeptieren ist eine didaktische Herausforderung, da die traditionellen Formen Vortrag und Lehrgespräch der Lehrperson die Illusion vermitteln, *alle* hätten (fast) *alles* gehört und gelernt.

Selbstgesteuertes Lernen wird als Oberbegriff für all jene Lernformen verstanden, in denen die Lernenden ihren Lernprozess weitgehend selbstbestimmt gestalten und verantworten. «Was der Mensch sich nicht selbstthätig angeeignet hat, hat er gar nicht; wozu er sich selbst nicht gebildet hat, ist gar nicht in, sondern ganz außer ihm»,[86] schreibt Adolph DIESTERWEG bereits im Jahr 1873. Damit stützt er nicht nur das Konzept der aktiven Lerntätigkeiten, sondern nimmt auch die Grundidee des selbstgesteuerten Lernens vorweg.

Beim selbstgesteuerten Lernen können die Lernenden prinzipiell auf folgende Bereiche Einfluss nehmen:

- Lernziele und Inhalte,
- Lernmethoden und Arbeitsschritte,
- Organisationsformen, Lernpartner und zeitliche Investitionen,
- Strategien und Operationen der Informationsverarbeitung,
- Formen des Feedbacks und der Expertenhilfe.[87]

Abhängig von den Lernzielen, dem zeitlichen Rahmen und den Voraussetzungen der Lernenden sind Freiräume zu gewähren. In manchen Veranstaltungen wird es sinnvoll sein, Lernziele und Inhalte vorzugeben, in anderen Veranstaltungen können diese Elemente der Selbststeuerung teilweise oder ganz den Lernenden übergeben werden.

Selbstgesteuerte Lernprozesse sind allerdings nicht voraussetzungslos. Sie bedürfen einerseits einer Selbstorganisationskompetenz der Lernenden und andererseits einer Lernberatungskompetenz der Lehrenden. Im Übrigen ist der Hinweis angebracht, dass selbstgesteuertes Lernen für die Lernenden durchaus anstrengend sein kann: Initiative und Mitarbeit, Entscheidungen und Selbstorganisationsaktivitäten werden permanent abgefordert, ein Rückzug in die Passivität ist kaum möglich.[88]

Lehrveranstaltung: Personalwirtschaft (fünf SWS) im 7. Sem. des Diplomstudiengangs BPPM an der FH Vorarlberg.

Ziel der Veranstaltung: In einer Kleingruppe erstellen die Studierenden ein so genanntes Semester-"Produkt", z. B. eine klassische Seminararbeit, einen Reader für Führungskräfte in KMUs oder IT-gestützte Lernunterlagen.

Überblicksvorlesungen: In drei jeweils fünfstündigen Vorlesungen werden sie in das Thema eingeführt. Hier haben sie erste Gelegenheit, das Semester-"Produkt" unter Berücksichtigung ihrer individuellen Lernziele in der Gruppe abzustimmen.

Pflicht-Beratungstermin: Diskussion und Verabschiedung des Konzepts (Semester-"Produkt", Vorgehensweise), das die Studierenden in einem schriftlichen Exposé dargelegt haben.

Selbstorganisierte Lernarbeit: Die Studierenden erstellen ihr Semester-„Produkt"; Coaching ist optional.

Feedback Teil-"Produkt": Ausführliches Feedback der Lehrenden zu einem Teilergebnis per E-Mail.

Markt des Wissens: Abschlusspräsentation in einem großen Hörsaal mit kleinen „Messeständen", die Studierenden stellen ihre Ergebnisse an Plakatwänden vor und binden die Besucher über Aktivitäten ein.

Abschluss-Feedback: Bewertung des Semester-"Produkts" und Notengebung.

Abbildung 33: Selbstgesteuertes Lernen – Beispiel Personalwirtschaft

Problembasiertes Lernen, auch Problem-Based Learning oder kurz: PBL genannt, zeichnet sich dadurch aus, dass die Lernenden in Kleingruppen an einer Problemstellung arbeiten und dabei von einem Coach unterstützt werden. Am Anfang des Lernprozesses steht eine unklare, problematische Situation, die es zu erkennen gilt und für deren Bearbeitung Informationen beschafft und aufbereitet werden müssen. Sachverhalte werden in einem fachlichen Zusammenhang erschlossen, und das neu erworbene Wissen wird dadurch kontextuell gespeichert.

Der Kern des problembasierten Lernens ist der so genannte methodische *Siebensprung*. Er besteht aus den Schritten:

- Begriffe klären,
- Problem bestimmen,
- Problem analysieren,
- Erklärungen ordnen,

- Lernfragen formulieren,
- Informationen im Selbststudium beschaffen und
- Informationen austauschen[89].

Die besondere Herausforderung beim problembasierten Lernen besteht darin, eine angemessene Problemstellung zu finden, die dann zum «Motor des Lernens» werden kann. Eine zweckmäßige Aufgabe berücksichtigt das Vorwissen und die Motivation der Lernenden genauso wie die zu erreichenden Lernziele und die Art der Problemdarbietung. Darüber hinaus gilt es zu bedenken, ob das Problem einen für das jeweilige Wissensgebiet exemplarischen Sachverhalt beleuchtet und zu einem «deep understanding» beitragen kann.

Lehrveranstaltung: Problem-Based Learning, Themengebiet: Controlling und Finanzierung im 5. Sem. des Diplomstudiengangs Tourismus-Management an der FH Wien - Studiengänge der WKW

PBL-Aufgabe: Acht Beherbergungsbetriebe in einer Wintersportgemeinde stehen vor der Aufgabe, untereinander wirtschaftlich zu kooperieren. Angesichts der rückläufigen wirtschaftlichen Entwicklung (gilt für sieben der acht Unternehmen) ist dies die nachdrückliche Forderung der Bank; ansonsten besteht die Gefahr, dass die laufenden Kredite fällig gestellt werden. Die Lernenden sollen eine Lösung erarbeiten und überzeugend präsentieren.

(1) Begriffe klären: Evtl. unklar ist der Begriff Obligo.

(2) Problem bestimmen und analysieren: Das Problem entsteht durch die „von außen“ erzwungen Kooperation und die ungleichen Vorbedingungen.

(3) Vorwissen einbinden: Kenntnisse aus den Veranstaltungen Controlling, Finanzierung, Wirtschaftsrecht, Konfliktmanagement usw. fließen ein.

(4) Wissensdefizite analysieren: Vor- und Nachteile unterschiedlicher Kooperationsmöglichkeiten

(5) Lernziele formulieren: Rechtliche Gestaltungsmöglichkeiten ausloten, Synergiemöglichkeiten durch Hotelkooperation aufzeigen usw.

Abbildung 34: Problembasiertes Lernen – Beispiel Hotelkooperationen[90]

Wechselseitiges Lehren und Lernen, Selbstgesteuertes Lernen und Problembasiertes Lernen stehen exemplarisch für die «neuen» Lehrmethoden. Es gibt inzwischen eine Vielzahl von ähnlich angelegten Methoden: Die *Projekt- und Leittextmethode* verwendet Aufgaben mit Projektcharakter, bei denen die Lernenden durch Fragen, Textmaterialien, Strukturvorgaben sowie durch ein begleitendes Coaching unterstützt werden. Das *Forschungsbasierte Lernen* nimmt Anleihen bei einem Forschungsprozess. Fragestellungen werden identifiziert, Hypothesen aufgestellt, Informationen recherchiert und Erkenntnisse überprüft.

Bei allen vorgestellten Verfahren spielt das *Lernen in Gruppen* eine wichtige Rolle: Informationen werden ausgetauscht, das Vorgehen wird reflektiert, Fragen werden gestellt und die Arbeit wird aufgeteilt. Gruppen übernehmen eine wichtige Funktion als «Schutzschilde»,[91] indem sie den Einzelnen in kritischen Lernsituationen unterstützen. Soziales Lernen bietet darüber hinaus die Chance zum Erwerb von sozialen und methodischen Schlüsselqualifikationen.

Ihre Aufgabe

Informieren Sie sich über eine der so genannten «neuen» didaktischen Methoden. Beispiele sind: Selbstorganisiertes Lernen, Problem-Based Learning bzw. Problembasiertes Lernen, Projektlernen, Leittext-Methode, Gruppenpuzzle, Strukturierte Kontroverse, Multimediales Lernen in fraktaler Organisation. Klären Sie nun:

- Was ist das «Neue» an dieser didaktischen Methode?
- Welche Elemente können Sie für Ihre Lehre nutzen?
- Was würde sich in Ihrer Lehre ändern, wenn Sie mit dieser Methode arbeiten?

Trotz der vielfachen Bemühungen, die bestehenden Lehrkulturen in Schule, Hochschule und Weiterbildung zu bereichern, nimmt sich das Ergebnis insgesamt noch eher bescheiden aus. Der überwiegende Teil der organisierten Lernprozesse läuft nach wie vor in einer eher traditionellen Form ab. Daran ändert auch die *E-Learning-Euphorie* der letzten Jahre wenig. Möglicherweise ist diese Euphorie sogar Ausdruck einer Verdrängung der methodisch-didaktischen Herausforderungen, weil übertriebene «Heilserwartungen» an medial gestützte Lernformen gerichtet werden, die diese nicht erfüllen können. Im Kern bleibt aber das Arrangement des Lernens eine nicht delegierbare Aufgabe der Lehrpersonen, und dies gilt unabhängig davon, ob diese nun als Lehrer, Hochschullehrer, Lerncoaches, Prozessbegleiter oder Wissensnavigatoren bezeichnet werden. Umso wichtiger ist es, Wege aus der «Vollständigkeitsfalle» zu weisen.

4.5 Lernprodukte: Ergebnisse selbstgesteuerten Lernens

Eng verbunden mit dem selbstgesteuerten Lernen sind die von mir so genannten *Lernprodukte,* die manchmal auch Praxisprodukte heißen. Ich habe diesen Begriff gewählt, um bestimmte Ergebnisse von Lernprozessen von klassischen Aufgaben und Übungen abzugrenzen. Bei den Lernprodukten kommt es auf den Produktcharakter an. Es wird etwas erstellt, was man nutzen kann – in der jetzigen oder späteren Berufspraxis, für weiter gehende Lernprozesse oder für Präsentationen.

Produkt	**Termin**	**Feedback**
Prozessbeschreibung Personalauswahl (HRM)	20. März 2012	A und B → C B und C → D
Schema Berechnung Momentangeschwindigkeit (Physik)	3. Oktober 2012	A → F B → G
Text für Werbebroschüre (Marketing)	30. Mai 2012	A ↔ B ↔ C D ↔ E ↔ F
Vorgehensmodell Stahlhärtung (Verfahrenstechnik)	....	....
Mini-Businessplan (Unternehmensgründung)	....	....

Abbildung 35: Lernprodukte aus verschiedenen Bereichen

Lernprodukte können materiell sein wie die Werbebroschüre im Marketing oder immateriell wie das Vorgehensmodell zur Stahlhärtung. Im Unterschied zum Rechnen von Aufgaben, das natürlich genauso seine Berechtigung hat, haftet den Lernprodukten immer etwas Reales an: Sie lassen sich anwenden und benutzen, sie funktionieren oder eben nicht.

Lernprodukte sind mögliche Resultate selbstgesteuerten Lernens. Meist sind sie so angelegt, dass Wissen verdichtet wird. Wer einen Prozess für die Personalauswahl entwickelt, der lässt vielleicht viel Wissen in das Prozessdesign einfließen, muss sich aber beim eigentlichen Produkt konzentrieren. Einiges ist wesentlich hinsichtlich der Aufgabenstellung, anderes nicht. Einiges muss erwähnt werden – auch wichtige Ausnahmen –, anderes nicht.

Für die Lehre bedeutet die Arbeit mit Lernprodukten dreierlei:

- Lernen erfolgt kompetenzorientiert und bemisst sich – zwar nicht ausschließlich aber doch wesentlich – an den Produkten und Ergebnissen des Lernens und dem dazu erforderlichen Können und Wissen.
- Lernen hat eine eigenverantwortliche und unternehmerische Komponente, weil Resultate des Lernens im positiven Fall sichtbar und vorzeigbar sind.
- Für die Lehrenden ist die Arbeit mit Lernprodukten auch die Herausforderung, sich für den Aufbau bestimmter Kompetenzen und die Entwicklung bestimmter Lernprodukte zu entscheiden.

In längerfristigen Lernprozessen übernehmen Lernprodukte zusätzlich die Funktion von Meilensteinen. Eine Folge von mehreren Lernprodukten bildet ein größeres Ganzes, eine Lerneinheit oder ein Modul. Ergänzend zur Entwicklung und Präsentation der Lernprodukte gibt es begleitendes Coaching, Informationsinputs und Lernen in Kleingruppen.

Lernprodukte passen in verschiedene methodische Ansätze: in alle Spielarten des selbstgesteuerten Lernens, aber auch in Unterrichtsphasen, die mit Elementen von Einzel-, Partner- und Gruppenarbeit arbeiten. Vom Ansatz her sind sie so angelegt, dass man der *Vollständigkeitsfalle* entgehen muss. Produkte verlangen Entscheidungen und damit eine begründete Auswahl aus der Menge der Möglichkeiten.

Ihre Aufgabe

Lernprodukte unterstützen das handlungsorientierte Lernen. Darüber hinaus bieten sie die Möglichkeit, Elemente aus der Praxis in das Lernen einzubinden.

- Arbeiten Sie bereits mit Lernprodukten? Woran kann man erkennen, dass es sich um Lernprodukte handelt – im Unterschied zu klassischen Aufgaben und Übungen?
- Konzipieren Sie für Ihre Lehre weitere Lernprodukte. Welche Kompetenzen erwerben die Lernenden mit Hilfe dieser Produkte?

Wer mit Lernprodukten arbeitet, kann dies in der reinen Präsenzform tun oder zusätzlich zu den Präsenzphasen Elemente des E-Learning einbinden. Eine solche Mischung aus Präsenz- und E-Learning-Phasen bezeichnet man als *Blended Learning*. In den E-Learning-Phasen wird vor allem Wissen bereitgestellt und bearbeitet, die Präsenzphasen dienen insbesondere der Präsentation von Arbeitsergebnissen, Diskussion und Reflexion. Im Zusammenhang mit Lernprodukten bietet sich eine mehrfache Nutzung einer *elektronischen Lernplattform* an:

- Informationen, die für die Erstellung eines Lernprodukts wichtig sind, werden dort bereitgestellt.
- Die Arbeitsergebnisse – Zwischen- oder Endprodukte – werden online gestellt.
- Die Lernenden geben nach einem vorab fixierten Schema ein schriftliches Feedback zu den Lernprodukten und stellen diese Rückmeldungen ebenfalls auf die Lernplattform.
- Das Feedback wird eingearbeitet und die Endprodukte den anderen Lernenden verfügbar gemacht.

Der Prozess des Feedback-Gebens ist so zu organisieren, dass für alle Beteiligten klar ist, wer wem und bis wann eine schriftliche Rückmeldung geben muss. Sinnvoll ist es beispielsweise, wenn jeder Lernende einer Lerngruppe zwei Feedbacks zu jedem seiner Lernprodukte erhält. Dies bedeutet im Umkehrschluss, dass jeder Lernende auch zwei Feedbacks geben muss.

Die Aufgabe der Lehrenden besteht beim Blended Learning im Wesentlichen darin, die Lernprozesse zu organisieren und zu steuern. Vorrangig bedeutet dies:

- *Kompetenzen festlegen*: Welches Können sollen die Lernenden entwickeln? Welches Wissen müssen sie dazu erwerben oder medial verfügbar haben?
- *Lerntätigkeiten antizipieren*: Welche Aktivitäten müssen die Lernenden realisieren, um diese Kompetenzen zu entwickeln?
- *Lernprodukte bestimmen*: Welche Ergebnisse sollen die Lernprozesse hervorbringen? Wie sehen Produkte eines erfolgreichen Kompetenzaufbaus aus?
- *Inhaltliche Angebote verteilen*: Welche Inhalte sind notwendig? Welche zusätzlichen Angebote sind in welcher Form möglich?
- *E-Learning und Präsenzphasen abgrenzen*: Welche Aktivitäten werden in den E-Learning-Phasen durchgeführt, wofür eignen sich die Präsenzphasen besser?
- *Rückmeldungen einbetten*: Welche Feedbackschleifen sind möglich? Welche Personen sind daran auf welche Weise beteiligt?
- *Lernprozesse konzipieren*: Welches Lernprozessdesign unterstützt den Kompetenzaufbau? In welcher Reihenfolge werden Informationen verfügbar gemacht, Aktivitäten angeregt, Austausch gefördert und Ergebnisse reflektiert? Wie erfolgt das Management der Lernzeiten?
- *Bewertungen vollziehen*: Welche Lernresultate werden bewertet? Werden Einzel- oder Gruppenleistungen beurteilt?

Lernprodukte – insbesondere in der Kombination mit E-Learning – sind ein Element selbstgesteuerter und handlungsorientierter Lernformen. In Bezug auf die Vollständigkeitsfalle bieten sie die Möglichkeit, inhaltliche Entscheidungen zu fällen und Kompetenzen «auf den Punkt gebracht» zu entwickeln. Zugleich tragen sie dazu bei, eine konkrete Vorstellung davon zu bekommen, was es denn zu lernen gibt. Eine solch klare *Lernvision* ist das Gegenteil *enzyklopädischer Vollständigkeit*.

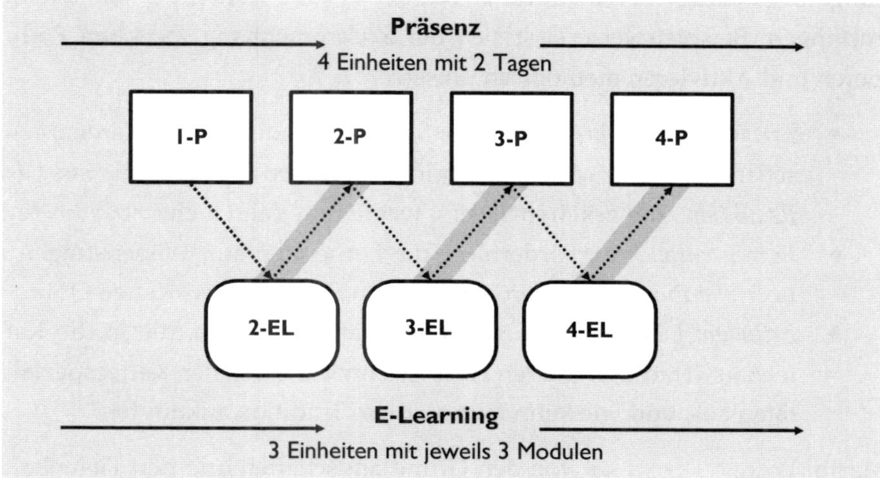

Abbildung 36: In Prozessen denken

Ihre Aufgabe

Planen Sie eine Veranstaltung, bei der Sie mit Lernprodukten arbeiten. Dabei kann es sich beispielsweise um eine bestimmte Form selbstgesteuerten Lernens handeln: Blended Learning als Mischung aus E-Learning- und Präsenzphasen, Problembasiertes Lernen oder Projektbasiertes Lernen.

- Mit welchen Zielen und Inhalten planen Sie?
- Wie sieht der Lernprozess konkret aus? Welche Art von Lernprodukten soll erstellt werden? Wie unterstützen Sie diesen Prozess?

4.6 Beispiel «Kaffee-ABC»: 3. Teil

Mit Blick auf die Impulse aus Lehrmethodik und Hirnforschung sind noch einige Ergänzungen zum 1. und 2. Teil der Wiener Kaffeespezialitäten anzubringen. Beispielsweise lässt sich der Zusammenhang zwischen Reduzieren und Aktivieren methodisch umsetzen:

- *Erklären oder Lehren*: Werden Sie aktiv, indem Sie anderen Menschen das Kaffee-ABC nahe bringen. Nutzen Sie dabei die *Siebe der Reduktion*, und erklären Sie erst wenig und dann mehr.
- *Fragen entwickeln*: Fordern Sie die Lernenden auf, Wissensfragen à la *Trivial Pursuit* anzufertigen. Spielen Sie dann das «Kaffee-Quiz».
- *Erfinden*: Überlegen Sie sich neue Kaffeevarianten, die in die Kaffeehaus-Tradition passen. Was zeichnet die Wiener Kaffeespezialitäten aus, und wie kann man an diese Tradition anknüpfen?

Martin WAGENSCHEIN hat von den Grundlandschaften und den Tiefenbohrungen gesprochen. Dieses Konzept ist für alle Formen der Lehre nützlich, weil die Lernenden die Möglichkeit bekommen, fachliche Strukturen zu entwickeln und fachspezifisches Denken zu praktizieren:

- *Strukturen legen*: Schreiben Sie Kärtchen mit einigen oder allen Kaffeespezialitäten, und lassen Sie diese von den Lernenden in eine Struktur bringen. Welche unterschiedlichen Kaffee-«Logiken» werden dabei entwickelt?
- *«Advance Organizer» anfertigen:* Entwickeln Sie eine Fachlandkarte für die Landschaft der Kaffeespezialitäten. Ergänzen Sie diese mit Aussagen und Fragen so, dass eine «Themenstruktur zum Zwecke der Orientierung» entsteht. Ein Beispiel für eine Fachlandkarte finden Sie in Abb. 24.
- *Spezielle Perspektiven aufmachen 1*: Angenommen, jemand wäre gegen Kaffeeobers allergisch, welche der Kaffeespezialitäten müsste er dann meiden?

- *Spezielle Perspektiven aufmachen 2*: Angenommen, Sie wollen eine Küche so einrichten, dass Sie die verschiedenen Kaffeespezialitäten möglichst schnell zubereiten können? Was platzieren sie wo?
- *Tiefenbohrung vornehmen*: In welcher Weise können Sie milchhaltige Getränke mit Kaffee kombinieren? Welche Wirkung entsteht jeweils beim Kaffeetrinker?

Die abschließenden Beispiele nehmen verschiedene Anregungen dieses Kapitels auf. Sie erfahren etwas über Kaffeespezialitäten in selbstgesteuerten Lernszenarien und nutzen Erkenntnisse der Hirnforschung:

- *«Anschlussfähig» lehren*: Wie «übersetzen» Sie die Kaffeespezialitäten in die Welt der Teetrinker? Wie erklären Sie die österreichische Kaffeewelt einem Italiener, der in Kategorien von Espresso und Cappuccino denkt?
- *Lernprodukte erstellen*: Bitten Sie die Lernenden, eine Getränkekarte mit drei, sechs oder neun Kaffeespezialitäten zu erstellen. Was ändert sich, wenn das Zielpublikum jugendlich ist?
- *Bedeutsamkeit herstellen*: Wer einen Besuch in einem Wiener Kaffeehaus plant, sollte wissen, was ein «Großer Brauner» ist. Wer eine neue Kaffeespezialität ausprobieren möchte, interessiert sich für das, was in der eigenen Küche mit einfachen Mitteln machbar ist. Wer bei den Begriffen «Franziskaner» und «Fiaker» aufhorcht, der interessiert sich möglicherweise sowohl für die Geschichte dieser Kaffeespezialitäten als auch für deren Zubereitung.

In den drei Teilen des Beispiels «Kaffee-ABC» haben Sie hoffentlich weitere Impulse für Ihre Lehre erhalten. An diesem – scheinbar harmlosen – Fall der 16 Wiener Kaffeespezialitäten zeigt sich, wie wichtig es ist, über Methoden und Instrumente für den kompetenten Umgang mit großen Stoffmengen zu verfügen. In Anlehnung an eine bekannte Werbeformel könnte es auch heißen: Inhalte reduzieren – nicht immer, aber immer öfter.

5 Jenseits der konkreten Inhalte

5.1 Expertise in der Gesellschaft: Ideen als Rohstoff des 21. Jahrhunderts

Mehl, Eier, Zucker und Salz sind überall verfügbar – auf das Rezept kommt es an. Die Zutaten für eine Mehlspeise sind vergleichsweise preiswert, der Wert eines Gerichts entsteht durch die raffinierte Komposition. Auf welche Weise die Zutaten für eine Mahlzeit ausgewählt, komponiert und verkauft werden, entscheidet über deren wahrgenommene Qualität. In der *«idea driven economy»*[92] wird Wissen entwickelt und genutzt, und die Aufgabe der lehrenden Experten ist es, Teile dieses Wissens zu transportieren.

Ihre Aufgabe

Der Begriff *Wissensgesellschaft* deutet an, dass Wissen die moderne Welt zusammenhält und vorantreibt. Es gibt aber auch andere Bezeichnungen: Ideengesellschaft, Netzwerkgesellschaft und Informations- und Technologiegesellschaft. Holger RUST spricht sogar von einer «Informationstechnologie-basierten Wissensdienstleistergesellschaft mit industriellem Kern»[93].

- Durch welchen Begriff lässt sich die gegenwärtige und zukünftige Gesellschaft Ihrer Auffassung nach am besten umschreiben?

Die Bestände an Sonderwissen nehmen seit Jahrzehnten exponentiell zu und lösen sich vom Bestand an Allgemeinwissen immer stärker ab. Es entstehen exklusive Wissensbestände und privilegierte Informationszugänge, die von Experten bewirtschaftet werden. Der gesellschaftliche Wissensvorrat wird immer stärker ausdifferenziert, und es ergibt sich stärker als jemals zuvor die Notwendigkeit, das eigene Handeln durch Expertenwissen abzusichern.

Peter WEINGART beschreibt, wie «das Prinzip der Forschung, des hypothetischen und experimentellen, lernenden Umgangs mit Information in der Gesellschaft zum allgemeinen Handlungsmodus»[94] wird. Ständig entwickeln wir Ideen, diskutieren und prüfen sie, um sie dann in die Tat umzusetzen oder zu verwerfen. Der Umgang mit alten und neuen Ideen, insbesondere im eigenen Fachgebiet, wird zur Selbstverständlichkeit.

Der Aufbau exklusiver Wissensbestände führt in der Nebenwirkung dazu, dass die eigene Teilhabe am sozialen Wissensvorrat geringer wird. Diese Teilhabe ist auch nur in eingeschränktem Maß erforderlich: Es genügt, «dass jedes Gesellschaftsmitglied weiß, wer über welches Wissen zur Lösung welcher speziellen Probleme verfügt bzw. genauer: an welche Rollenträger das zur Lösung spezieller Probleme relevante Wissen routinemäßig vermittelt wird. Dieses Wissen über die gesellschaftlich differenzierte Wissensverteilung ist Bestandteil des Allgemeinwissens, nicht aber der Inhalt der jeweiligen differenzierten Bereiche des gesellschaftlichen Wissensvorrates.»[95]

Ihre Aufgabe

«Was ist Wissen?», fragen Christof SCHMITZ und Betty ZUCKER. Ihre Antwort lautet: «Wissen erspart etwas oder positiv formuliert: Wissen ist die Möglichkeit, etwas tun zu können, z. B. Information konzentrierter und schneller zu prüfen. Wissen ist Handlungsvermögen. Wissen ist Können.»[96]

- Wie stellt sich für Sie der Zusammenhang zwischen Wissen und Handeln dar? Welche Konsequenzen hat Ihre Antwort für die Lehre?
- Ist Vorbereitungs- und Behaltenslernen noch sinnvoll? Wie sieht es hier mit den so genannten Grundlagen eines Faches aus?

Der Satz «Wenn Sie es selbst lösen könnten, würden Sie mich nicht fragen» ist bezeichnend für die Haltung vieler Experten und prägend für ihr Verhältnis zu den Laien ihres Fachs. Die *Wissensdifferenz*, die von den Experten wahrgenommen wird, kann dazu führen, dass die Kommunikation einseitig wird. Der Experte redet und erklärt, der Laie bleibt weitgehend passiv. Sonja RADATZ hat einige Haltungen bei Expertenberatern aufgelistet, die ein solches Setting fördern:

- Ich bin dafür da, die Probleme anderer zu lösen.
- Ich bin der Experte, ich muss es wissen.
- Jetzt kann ich mich profilieren.
- Je mehr Antworten ich gebe, desto mehr steige ich in der Achtung.
- Ich muss ihm zeigen, dass ich besser bin als er, sonst kann ich meinen Expertenstatus nicht behaupten.[97]

Obgleich die Angewiesenheit auf Fachleute steigt, «ist eine Abnahme des Vertrauens in die Gültigkeit der Urteile und Ratschläge von Experten zu beobachten».[98] Dies mag damit zusammenhängen, dass Menschen Kompetenzen entwickeln, um mit dem stark ausdifferenzierten Wissen und der Vielzahl der dieses Wissen vertretenden Experten umzugehen. Eine solche *Experten-Kenner-Kompetenz* befähigt zur kritischen Auseinandersetzung mit Wissen in der *Expertengesellschaft*. Dazu zählt eine nüchterne Haltung gegenüber allen echten und vermeintlichen Experten, die zwar nicht «hyperkritisch», aber doch «skeptisch» ist. So entwickeln Menschen die Fähigkeit, sich in direkter Befragung mit Experten auseinanderzusetzen und sich von einer Wissensdifferenz nicht einschüchtern zu lassen.[99]

Auf der anderen Seite entsteht auch für die Experten die Notwendigkeit, auf die *Wissensnachfrager* zuzugehen. Ludwig KÜRTEN beschreibt Kommunikation als Aufgabe für wissenschaftliche Experten wie folgt: «Erstens muss man sich in die Denkweisen ‹normaler› (das heißt mit Wissenschaft nicht vertrauter) Bürger hineinversetzen können, um Verständnis für deren Anliegen und Bedürfnisse, Sorgen und Probleme aufzubringen. Zweitens muss man Laien dafür interessieren und faszinieren können, was die Wissenschaftler umtreibt und welche Ergebnisse diese Umtriebigkeit hervorbringt. Und drittens muss man komplexe wissenschaftliche Verfahren und Sachverhalte für Fachfremde und Laien anschaulich und verständlich darstellen können.»[100]

Trotz der Annäherung von Experten und Laien durch den Aufbau einer Experten-Kenner-Kompetenz auf der einen Seite und dem methodisch gestützten Transfer von Expertise auf der anderen Seite verfestigt sich die Expertenrolle:

- Wissensgebiete werden weiter abgegrenzt, aufgeteilt und systematisiert,
- die Länge und Komplexität spezialisierter Ausbildungen nehmen weiter zu,
- die institutionelle Beglaubigung beruflicher Kompetenzen über Lizenzen und Zertifikate steigt weiter, und die Selbst- und Fremdtypisierungen beziehen sich immer stärker auf Sonderwissen.

Natürlich gibt es hierzu eine postmodern geprägte Gegenbewegung: Die scheinbaren Professionsmonopole der Experten werden durch eine «Vielfalt von kompetenten Professionalitätsinszenierern»[101] aufgeweicht. Nicht nur die jeweilige Kompetenz, sondern auch die Art der Selbstdarstellung und -inszenierung entscheidet über die Wirkung von Experten. Angesichts dieser Überlegungen wird die eingangs beschriebene Abnahme des Vertrauens in die Gültigkeit der Urteile von Experten aus einer anderen Perspektive heraus verständlich.

Ihre Aufgabe

Jürgen August ALT diskutiert die Frage, ob es überhaupt noch möglich oder sinnvoll ist, sich ein allgemeines Wissen über die Wirklichkeit anzueignen. Dazu beleuchtet er zwei Positionen. Überlegen Sie Ihren Standpunkt. Welcher Aussage stimmen Sie aus welchen Gründen eher zu?

- Wissen ist instabil. Was heute stimmt, kann schon morgen falsch sein.
- Wissen bleibt stabil. Bewährte (wissenschaftliche) Theorien ragen wie «Pfeiler» aus dem «Meer des Wissens». Beispiele dafür sind der Lehrsatz des PYTHAGORAS und DARWINS «Entstehung der Arten».[102]

Auch wenn in der Expertengesellschaft von einer permanenten Wissenszunahme auszugehen ist, gibt es eine parallele Bewegung: einen enormen *Informationsverfall.* «Wissen hält nicht länger als Fisch»,[103] schrieb Alfred North WHITEHEAD und bezog sich dabei auf die Brauchbarkeit und – wenn man so will – «Haltbarkeit» von Wissen. Es kommt hinzu: Je moderner die Datenträger sind, desto größer die Gefahr, dass Informationen verloren gehen. Datenbestände müssen aktiv gepflegt werden und von Zeit zu Zeit auf neue Datenformate übertragen werden.[104] Dies wird nur geschehen, wenn es ein echtes Interesse an den entsprechenden Informationen gibt.

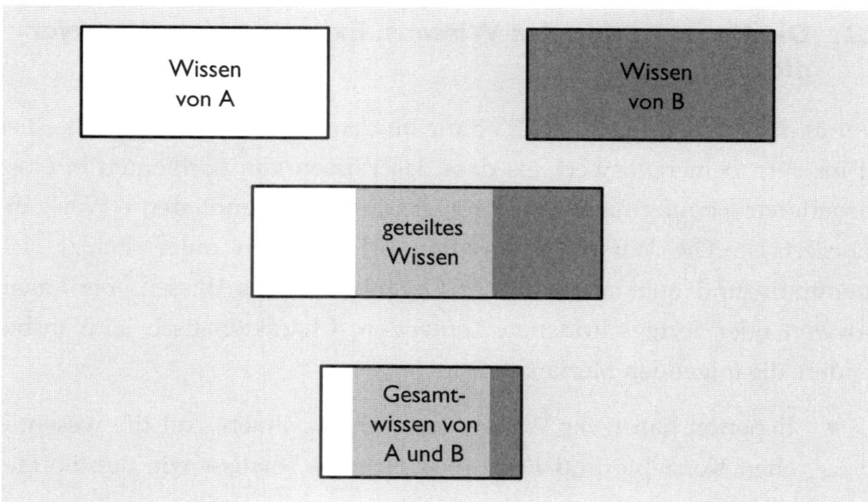

Abbildung 37: Effekt des gemeinsamen Wissens

Darüber hinaus gibt es einen Effekt, der dazu führt, dass neue Fachexpertise nur in geringem Maße aufgebaut wird: der *Effekt des gemeinsamen Wissens.* «Gruppenmitglieder konzentrieren sich auf gemeinsam geteilte Informationen statt auf die einzigartigen Informationen, die nur der Einzelne hat.»[105] Gemeinhin gilt zwar, dass zwei Personen mehr wissen als eine. Nur wird dieses Wissen häufig nicht genutzt, weil sich die beiden vor allem über das unterhalten, was eh schon jeder weiß. Dieser Effekt greift auch, wenn sich Unternehmer mit Kollegen, Mitarbeitern und Kunden unterhalten: Einzigartiges Wissen wird meist zurückgehalten, weil der Wunsch, das Gemeinsame zu betonen, im Vordergrund steht.[106]

Vor diesem Hintergrund erhält die Lehre der Experten eine zusätzliche Brisanz: Viel Stoff zu «haben» geht mit der Verpflichtung einher, diesen so weiterzugeben, dass er auf ein echtes Interesse trifft. Gute Chancen für einen Kochkünstler, der die Zubereitung von Mehlspeisen sein Thema nennt: Kaiserschmarren, Palatschinken, Topfenstrudel und Germknödel haben vermutlich immer Konjunktur.

5.2 Die Organisation des Wissens: Expertenwissen ist «verdichtet»

Wer in der Lehre tätig ist, zählt häufig zu den Experten seines Fachs. Dies ist insofern bemerkenswert, als dass das Wissen von Fachleuten in einer besonderen – häufig nicht direkt für die Lehre verwendbaren – Weise organisiert ist. Die Wissensorganisation bei Experten unterscheidet sich quantitativ und qualitativ von der Organisation des Wissens bei Laien, Novizen oder fortgeschrittenen Lernenden. Charakteristisch sind insbesondere die folgenden Merkmale:

- Experten haben ihr Wissen «verdichtet», ihnen sind die wesentlichen Konzepte und Prinzipien nicht so bewusst wie den Fortgeschrittenen.
- Experten sprechen ihre «eigene Sprache», dabei verwenden sie Fachbegriffe mit einem in der Regel hohen Abstraktionsgrad.
- Experten liefern häufig mehr oder weniger umfangreiche Kataloge von Fakten, Begriffen, Methoden und Prinzipien.[107]

Expertenwissen ist «verdichtet», damit ein erfolgreiches Handeln in Bruchteilen von Sekunden möglich wird. Das vielfältige Wissen zu einer bestimmten Situation wird sozusagen «en bloc» abgerufen. Dies bedeutet, dass viele Informationen so untereinander verknüpft werden, dass sie letztendlich nur noch eine einzige Informationseinheit darstellen.[108] Verdeutlichen lässt sich dies an Schachexperten. Wahrgenommen werden Spielsituationen als Ganzes, z. B. die so genannte Spanische Eröffnung, nicht aber die Position einzelner Spielfiguren, z. B. weißer Bauer e4, schwarzer Bauer e5, weißer Springer f3, schwarzer Springer c6, weißer Läufer b5.[109]

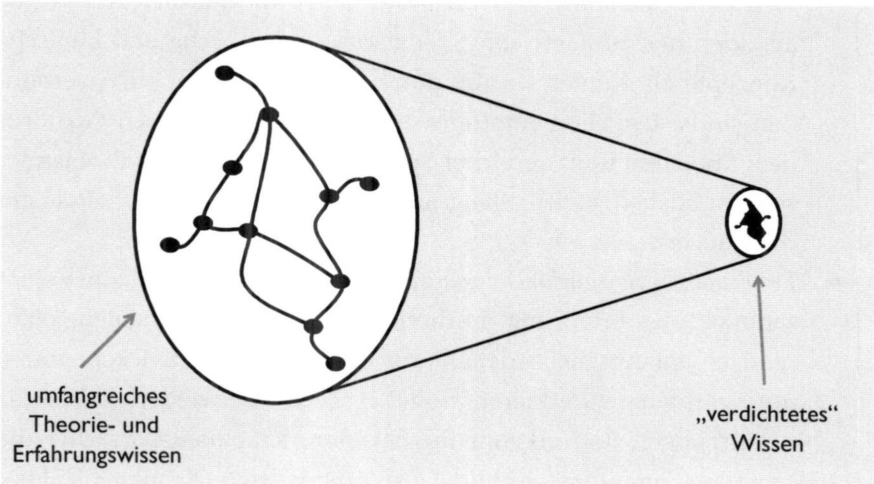

Abbildung 38: «Verdichtetes» Wissen bei Experten

Wenn Wissen «verdichtet» ist, so bietet dies der handelnden Person einen unschätzbaren Vorteil: Handeln ist schnell, ja fast reflexartig möglich. Mit einer gegebenen Situation hat die handelnde Person auch schon die Lösung parat: Situation und Handlung sind eng miteinander «verzahnt».

Diese Überlegungen finden sich auch in dem dreistufigen *Modell des Expertiseerwerbs* von Peter REIMANN[110]. Es zeigt am Beispiel der Medizin, wie sich Lernende schrittweise ein immer besseres Sachverständnis aneignen. Am Anfang dieses Prozesses steht das Faktenwissen, am Ende das Expertentum:

- *Problemlösen als Suche in umfangreichem Faktenwissen:* In diesem Stadium erwirbt der Lernende ein umfangreiches faktisches Wissen. Beispielsweise erlangt der Medizinstudent die Fähigkeit, über Ursachen für bestimmte Krankheitssymptome umfassende und detaillierte Erklärungen abzugeben. Dies bedeutet allerdings nicht, dass die Erklärungen das jeweilige Krankheitsbild richtig erfassen, was insbesondere daran liegt, dass ein und dasselbe Symptom meist mit mehreren Krankheiten in Verbindung gebracht werden kann. Medizinisches Faktenwissen lässt sich in Form kausaler Netzwerke abbilden und umfasst «physiologische, anatomische und klinische Konzepte als Knoten ..., die durch bestimmte Relationen verbunden sind». Um die Symptome den möglichen Ursachen zuzuordnen, findet ein umfangreicher Suchprozess statt. Dieses Problemlösen ist dabei meist «langsam, fehleranfällig und haftet am ‹Lehrbuchwissen›»[111].

- *Problemlösen als zunehmend routinisierter Prozess:* Der Medizinstudent sammelt nun Erfahrung im direkten Kontakt mit Patienten. Während er anfangs noch detaillierte Kausalketten entwickeln muss, um Symptome zu erklären, findet er durch die wiederholte Praxis Abkürzungen und erkennt für bekannte Krankheiten rascher die typischen Symptome. Er bildet also prototypische Krankheitsbilder, die direkte Hinweise über charakteristische Symptome geben. Detaillierte Erklärungen über mögliche Ursachen der Symptome werden in dieser Phase nicht mehr entwickelt. Gleichzeitig automatisiert der Student viele Handlungsabläufe. Insgesamt findet eine Transformation der kausalen Netze in prototypische Krankheitsbilder statt, so dass sich das Problemlösen zunehmend an früheren Erfahrungen orientieren kann.
- *Problemlösen als Orientierung an spezifischen Fällen*: Durch weitere Handlungspraxis reichert der Medizinstudent sein prototypisches Wissen mit spezifischen, fallbasierten Erfahrungen an. Neben seinem Wissen über typische Problemsituationen erwirbt er nun zunehmend ein Wissen über Abweichungen von der Regel und Ausnahmen von den Standardfällen: «Diagnose und Behandlung neuer Fälle wird bevorzugt auf der Basis früherer Fälle vollzogen, also durch Erinnerung an analoge Fälle, und erst in zweiter Linie unter

Bezug auf das allgemeinere, generalisierte Krankheitsskript.»[112] Dieses dritte Stadium ist kennzeichnend für den Erwerb wirklicher Expertise und geschieht sehr individuell, da die fallbezogenen Erfahrungen in der Regel von verschiedenen Experten auf unterschiedliche Weise gemacht werden.

Expertenwissen	▸ Synthetisieren und beurteilen ▸ Minimale Unterschiede erkennen ▸ Neues Wissen entwickeln ▸ Probleme erkennen und lösen
Anwendungswissen	▸ Anwenden ▸ Analysieren ▸ Aufgaben lösen ▸ Wissen weitergeben
Faktenwissen	▸ Inhalte verstehen ▸ Fakten reproduzieren

Abbildung 39: Formen des Wissens

Ihre Aufgabe

Sie haben das dreistufige Modell zum Expertiseerwerb von Peter REIMANN kennengelernt. Versuchen Sie, diesen Prozess an Ihrer eigenen Entwicklung nachzuvollziehen:

- Welche Stufen haben Sie in Ihrer Entwicklung zum Experten durchlaufen, und wie hat sich dies in Ihrer Wissensorganisation abgebildet?
- Welche Konsequenzen ergeben sich für Ihre Lehre?

Dieses Modell verbindet damit die unterschiedlichen Modelle der Wissensrepräsentation und zeigt deren Zusammenhang und Überlappung: Sind es in der ersten Phase durch den Handelnden bewusst abzufragende Regeln, so werden daraus in der zweiten Stufe Automatismen entwickelt. Gleichzeitig werden prototypische Klassen aufgebaut, die im dritten Stadium um konkrete Fallerfahrungen angereichert werden. Zusätzlich weiß man, dass das umfangreiche Faktenwissen der ersten Stufe *Orientierungs- bzw. Rasterwissen* ist. Diese Rastersysteme ermöglichen es, Informationen wahrzunehmen und einzuordnen. Denn wie heißt es in der Werbung eines Kunstreiseführers: «Man sieht nur, was man weiß.»[113]

Es sind aber nicht nur die hoch «verdichtete» Form des Expertenwissens und die fachsystematische Ausrichtung von Wissensangeboten, die den erfolgreichen Wissenstransfer behindern. Darüber hinaus zeigt sich, dass Experten das Vorwissen und die Lernvoraussetzungen von Laien nicht immer richtig einschätzen. In empirischen Studien zum «Faktenwissen über Architektur» wurden Über- und Unterschätzungen des Laienwissens ermittelt. Erheblich überschätzt wurden beispielsweise «jene Fachbegriffe, die an der Grenze des Alltagssprachgebrauchs stehen. Die genauen Bedeutungen von Begriffen wie Maisonnettewohnung, Gaube oder Sichtbeton sind ungefähr einem Fünftel der Laien bekannt, die Architekten schätzen aber Werte zwischen 50 und 60 Prozent.»[114]

Dies bedeutet grundsätzlich, dass sich Gespräche mit Experten weniger gut eignen als solche mit Fortgeschrittenen, wenn es darum geht, Wissen didaktisch aufzubereiten. Soll Expertenwissen erfolgreich transferiert werden, so bedarf es der *Sachexpertise* in Verbindung mit einer *didaktischen* Expertise. Michael KERRES beschreibt diese Situation hinsichtlich der Aufbereitung von E-Learning-Materialien: «So erleben didaktische Designer das didaktische *knowledge engineering* oftmals als nicht einfache Gratwanderung zwischen einerseits völliger Unterwerfung unter die Sachexpertise des Gesprächspartners und andererseits Selbstbehauptung eines didaktischen Anspruchs.»[115] Keineswegs sei es damit getan, das Wissen von Seiten der Experten lediglich «zur Verfügung zu stellen».

Ihre Aufgabe

Wenn Sie sich Ihre eigene Wissensorganisation bewusst machen wollen, können Sie dies mit Hilfe eines Kunstgriffs: Vergleichen Sie Ihre Wissensorganisation mit derjenigen im Internet, und sehen Sie sich einmal Ihre Homepage und die zugehörigen Webseiten an:

- Begriffe: Unter welchen Begriffen finden Sie Ihr Wissen?
- Gestaltung: Wie sind Ihre Webseiten aufgebaut? Was haben Sie für Verknüpfungen und Vernetzungen ausgebildet?
- Integration: Wie bauen Sie neue Informationen in Ihr Wissensnetz ein?

Soll das «verdichtete» Wissen der Fachleute erfolgreich weitergegeben werden, so ist es für die jeweilige Zielgruppe didaktisch aufzubereiten. Dazu gehört es, den angemessenen Schwierigkeitsgrad mit den erforderlichen Lernschritten zu bestimmen und die Auswahl der für die Zielgruppe wesentlichen Inhalte voranzutreiben. Gelingt dies, so werden handelnde Experten zu lehrenden Experten.

5.3 Schlüsselqualifikation Denken: Vom kompetenten Umgang mit Wissen

«Wissen ist kein Ersatz für Denken. Und umgekehrt: Schlüsselqualifikationen sind keine Alternative zum Fachwissen, sondern befähigen zum Umgang damit»,[116] stellt Rolf ARNOLD fest. Metakognitive Lernstrategien beispielsweise sind Schlüsselqualifikationen, die das Ausmaß steuern, in dem Lernende eigene Lernziele planen, den Lernfortschritt überprüfen und ihr Lernverhalten regulieren. Allgemein geht es um

- *Planungsprozesse*: Anforderungen realisieren, Ziele setzen, Aktivitäten und Abläufe planen;

- *Überwachungsvorgänge*: Fragen hinsichtlich des eigenen Vorgehens stellen, den aktuellen Weg im Blick haben und reflektieren, die gewählten Zwischenschritte im Zusammenhang beleuchten;
- *Regulierungsaktivitäten*: bei unerwarteten Schwierigkeiten nach geeigneten Maßnahmen suchen, um die Aufgabe zu bewältigen.

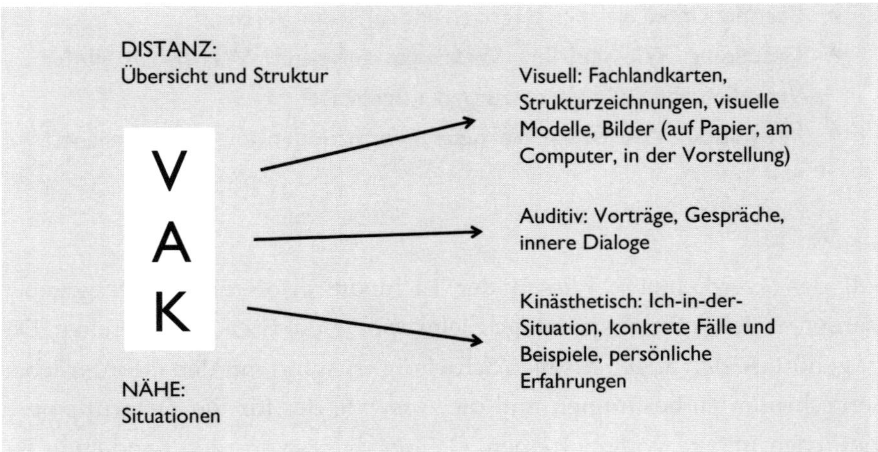

Abbildung 40: Das VAK-Modell (VAK = *V*isuell–*A*uditiv–*K*inästhetisch)[117]

Zu den Schlüsselqualifikationen zählen auch Lern- und Arbeitsstrategien. «Wesentliches erkennen» ist eine solche Strategie. Nach Christoph METZGER bedarf es dazu einzelner Techniken wie beispielsweise:

- *Den Aufbau einer Information erkennen*: Bei einem Text sind die einzelnen Textelemente für das Verständnis unterschiedlich wichtig. Überschriften, Hauptteil und Zusatzinformationen liefern jeweils spezifische Informationen. Wer Überblickswissen erwerben will, wird sich zunächst mit dem Inhaltsverzeichnis, einer möglichen Übersicht, einzelnen Überschriften, zentralen Aussagen und der Zusammenfassung beschäftigen. Wer eine ganz spezifische Fragestellung beantworten möchte, wird in einem bestimmten Textteil *en détail* lesen.

- *Wahrnehmungskanäle situationsgerecht einsetzen*: Das Wesentliche einer Information lässt sich durch einen Wechsel der Wahrnehmungskanäle herausarbeiten – vom Text zur Grafik und umgekehrt. Das heuristische VAK-Modell hilft dabei, Inhalte zu übersetzen und dadurch ein Gespür für das jeweils Essenzielle zu erhalten. Inhalte lassen sich in vielerlei Schattierungen zwischen logisch-abstrakt und konkret, textlich und visuell, mündlich und schriftlich darstellen.

Ihre Aufgabe

Der 16-jährige Albert EINSTEIN versuchte sich vorzustellen, wie es denn sei, auf einer Rakete mit Lichtgeschwindigkeit durch das All zu fliegen. Angenommen, er hielte sich einen Spiegel vor das Gesicht: würde er sein Antlitz erblicken? – Das Beispiel zeigt, wie ein bestimmter Wahrnehmungsmodus dazu beitragen kann, das Wesentliche einer Fragestellung oder eines Themas herauszuarbeiten.[118]

- Gibt es in Ihrem Themenkreis solche Beispiele, in denen der Wechsel des Wahrnehmungsmodus zu einer neuen Sichtweise führt?
- Nehmen Sie sich einen Ihrer Inhalte, den Sie – eher traditionell – in Textform vorliegen haben, und versuchen Sie, den wesentlichen Gedanken in eine visuelle Form zu bringen. Denken Sie daran, dass dies ein didaktischer Kunstgriff ist, bei dem es nicht primär um Vollständigkeit, sondern um Gründlichkeit geht.

Jens SOENTGEN hat in seinem Buch *Selbstdenken* 20 Möglichkeiten beschrieben, einen Sachverhalt zu durchdenken. Jeder dieser gedanklichen Wege bietet die Chance, sich mit einem Thema auseinander zu setzen. Je vielfältiger dies geschieht, desto größer die Chance, das Wesentliche eines Themas auszumachen und einzugrenzen.

- *Provozieren*: «Nur wer Schrecken macht, kann andre führen.» Darf man NIETZSCHE das glauben?[119]
- *Präzisieren und definieren*: Was heißt «sich verständlich ausdrücken»?
- *Gedankenexperimente machen*: Was wäre, wenn es höhere Geschwindigkeiten gäbe als die des Lichts?
- *Kombinieren*: Lassen sich Senf und Banane zu einer schmackhaften Mahlzeit zusammenfügen?
- *Ursachen suchen*: Warum wird in vielen Cafés Wasser zum Kaffee serviert?

Auch in der Wissenschaft spielt Denken eine bedeutsame Rolle. Ein erstes Beispiel: Wer wissenschaftlich arbeitet, tut gut daran, zentrale Begriffe zu definieren bzw. zu erläutern. Dies sollte «so genau als nötig» geschehen, denn der begriffliche Rahmen bestimmt das weitere Vorgehen mit. Wer sich allerdings zu intensiv mit Fragen wie «Was ist eigentlich ein Team?» beschäftigt, gerät in die Gefahr, sich mit Begriffen anstelle von Fragestellungen und Problemen zu beschäftigen. Ein zweites Beispiel: Wer sich zu stark an seine eigenen Vermutungen klammert, mag versucht sein, diese nur zu bestätigen. So legitim es sein mag, Annahmen zu stützen, so erforderlich ist es auch, kritisch zu prüfen und zu hinterfragen. Den Kern des wissenschaftlichen Arbeitens zu erfassen heißt also insbesondere, Sachverhalte auf eine bestimmte Weise zu durchdenken.

Denken spielt in allen Bereichen eine wichtige Rolle. Mathematiker denken anders als Physiker, Controller anders als Marketingleute und Historiker anders als Soziologen. Theoretiker denken anders als Praktiker, und Experten denken anders als Laien. Gute Lehre vermittelt fachliche Inhalte, darüber hinaus aber auch das *fachspezifische Denken*. Der Vollständigkeitsfalle entgehen Sie auch, indem Sie sowohl fachliche Kenntnisse als auch – soweit möglich – fachliches Denken vermitteln.

Auf diese Weise entsteht auch ein Gefühl für das Fach. Fortgeschrittene Lernende bauen fachliche Intuition auf. Gerade durch das Praktizieren fachlichen Denkens sind jene «Verdichtungen» von Wissen möglich, die sich dann als instinktives und treffsicheres Erfassen von Situationen bemerkbar machen. Apropos fachliches Denken: Wie denkt eigentlich ein Spezialist in Sachen Reduktion?

Ihre Aufgabe

Um den Umgang mit Wissen zu erlernen, schlägt Ulf von RAUCHHAUPT vor, jedes Mitglied der Wissensgesellschaft möge in einem noch so «winzig kleinen» Gebiet Experte werden: «Eine solche Kenntnisparzelle, ein solcher kleiner persönlicher Schrebergarten des Wissens, zeigt dem Individuum, was es heißt, in einem bestimmten Bereich wirklich Bescheid zu wissen. Die Kenntnisparzelle verankert den Menschen gewissermaßen auf dem Meer allen möglichen Wissens – deshalb wollen wir sie ‹Ankerwissen› nennen.»[120]

- Verfügen Sie über «Ankerwissen»? In welchem Bereich haben sie es aufgebaut?
- Was haben Sie in Ihrem «Schrebergarten des Wissens» über den Umgang mit Wissen gelernt?

5.4 Bildung: Soziales Spiel oder wirksame Haltung?

«Wäre Bildung eine Person, würde sie Kultur heißen»,[121] erläutert Dietrich SCHWANITZ sein geisteswissenschaftlich geprägtes Bildungsverständnis. Dass dies nicht unwidersprochen hingenommen wird, ist klar. Im Gegenzug hat Ernst-Peter FISCHER einen naturwissenschaftlich ausgerichteten Entwurf von Bildung vorgelegt: *Die andere Bildung – Was man über die Naturwissenschaften wissen sollte*.[122]

Offensichtlich sind sich die Experten nicht einig, welche Inhalte als Bildung gelten und welche nicht. In dieser Situation führt eine Was-ist-Frage nicht weiter. «Was eigentlich ist Bildung?», macht nur dann Sinn, wenn ein Ziel benannt ist. Bestünde das Ziel darin, Menschen für frei gesetzte Zwecke handlungsfähig zu machen, so böte sich ein integratives Bildungsverständnis an, wie es Manuel SCHULZ formuliert hat. Nach seiner Auffassung ist Bildung die «Bemühung um universale Kompetenz zur Auseinandersetzung mit Selbst, Welt und Gesellschaft mit dem Ziel der Handlungsfähigkeit für frei gesetzte Zwecke in wechselnden Situationen».[123]

Ihre Aufgabe

Dem klassischen Bildungskanon (GOETHE, SCHILLER, MOZART, BEETHOVEN usw.) wird häufig vorgehalten, er befähige nicht zum praktischen Leben. Diese Art von Bildung sei auf Innerlichkeit ausgerichtet und habe keine Verbindung mit dem Handeln in einer komplexen Welt.

- Wie sieht Ihr «klassischer Bildungskanon» aus? Was davon befähigt Sie zu welchem Handeln?
- Wenn die aktive Auseinandersetzung mit der Welt ein Ziel von Bildung ist, wie sähe dann ein idealer Bildungskanon (falls es den gibt) aus?

Menschliche Handlungsfähigkeit ist in diesem Verständnis das Ziel, und dazu bedarf es bestimmter Fähigkeiten und Kenntnisse, mit

- sich selbst (= Selbst),
- den anderen (= Gesellschaft) und
- der außersubjektiven Wirklichkeit (= Welt)

angemessen umzugehen. So gesehen ist Bildung auch eine zeitlich überdauernde Haltung und Einstellung. Sie ist zugleich

- ständige «Suchbewegung» (Hans TIETGENS),
- «lebenslange Anstrengung» (Horst SIEBERT) und
- «Ausdruck kritischer Bescheidenheit» (Harald GEISSLER).

Besteht das Ziel von Bildung aber nicht darin, menschliche Handlungsfähigkeit in unterschiedlichen Situationen herzustellen, sondern «gebildet zu erscheinen», dann ist man bei dem, was Dietrich SCHWANITZ das «Bildungsspiel»[124] genannt hat. In diesem sozialen Spiel, in dem es darum geht «gebildet zu erscheinen», gibt es bestimmte Erwartungen und Regeln: Erwartet wird, dass der Andere über ein bestimmtes Bildungswissen verfügt, erwartet wird auch, dass der Andere das wiederum von einem selbst erwartet. Direkt erfragt werden darf dies aber nicht, bestenfalls vorsichtig erkundet – es gilt das so genannte *Thematisierungstabu*.

Oder: Das Ziel von Bildung besteht darin, sich beruflich angemessen zu verhalten. Dann handelt es sich um berufliche Bildung, die je nach Situation Aus-, Fort- oder Weiterbildung heißt. Berufliche Bildung steht immer im Verdacht, systemkonformes Anpassungslernen zu betreiben. Nimmt man allerdings ernst, was Hartmut von HENTIG formuliert hat, nämlich dass Bildung immer eine «Zumutung von Fremdheit»[125] innewohnt, dann erübrigt sich die Spaltung von Bildung. Dann gibt es keine allgemeine, politische oder berufliche Teilbildungen, sondern nur *eine* Bildung.

Ihre Aufgabe

Der Lateinlehrer ist nicht wegen seiner Lateinkenntnisse gebildet, der Physiklehrer nicht wegen seiner Physikkenntnisse und der Germanistikdozent nicht wegen seiner Kenntnisse der deutschen Sprache. Weswegen dann?

- Woran erkennen Sie, ob jemand gebildet ist? Beschreiben Sie die entsprechenden Merkmale so, dass eine andere Person zu ähnlichen Urteilen kommt wie Sie.
- Gibt es auch so etwas wie «Herzensbildung»? Was könnte damit gemeint sein, und woran erkennen Sie dies?

In der beruflichen Bildung gibt es einen Unterschied zwischen Bildung und Qualität. Die Lehrmeinung «Qualität ist die Erfüllung von Kundenanforderungen. Über die Qualität entscheidet der Kunde» gilt meiner Auffassung nach in der Bildungsarbeit nur eingeschränkt. Wenn es zur Bildungsidee gehört, sich mit Selbst, Welt und Gesellschaft auseinander zu setzen, dann widerspricht dies einer unkritischen Haltung, die alles und jedes als Inhalt und Methode von Lehre akzeptiert. Bildung ist auch «widerständig», und damit verbietet sich eine *Kuscheldidaktik*, die nur auf ein vordergründiges Gefallen ausgerichtet ist.

In neueren Veröffentlichungen wird immer stärker darauf Bezug genommen, dass Bildung dazu beitragen kann, Unterschiede wahrzunehmen und zu bearbeiten. Bildung sei der «Erwerb eines Ethos des Umgangs mit Differenz durch das Verarbeiten von Differenzerfahrungen»,[126] formuliert Roland REICHENBACH sprachlich herausfordernd. Der Umgang mit Gegensätzlichkeiten will gelernt sein, und an die Stelle des logisch nachvollziehbaren Argumentationskonsenses tritt in bestimmten Situationen der Ergebniskonsens: *Let's agree to differ.*

Auch die Ausrichtung auf Vollständigkeit in der Lehre ist von diesen Entwicklungen berührt. Experten entwickeln unterschiedliche Auffassungen bezüglich der Frage, was denn für eine bestimmte Zielgruppe wesentlich sei und was nicht. Auch hinsichtlich der Frage, was denn alles zum jeweiligen Thema gehöre, gibt es unterschiedliche Positionen. Bildung, die auch «Ausdruck kritischer Bescheidenheit» ist, weiß um diese Unterschiede. Die Auswahl von Inhalten ist immer eine «Setzung», und selbst bei ausführlichen Curricula unterrichten nicht alle Lehrer ein und dasselbe. Ein wenig Gelassenheit hilft also. Denn wie heißt es doch bei SCHWANITZ: «Bildung ist alles, was man einmal gewusst und wieder vergessen hat.»[127]

5.5 Die Sehnsucht nach der Einheit von Theorie und Praxis: Vom Nutzen einer produktiven Spannung

«Der Beitrag solider Theorie zur Lösung praktischer Probleme wird größtenteils von den Studierenden nicht erkannt bzw. von den Hochschullehrern nicht vermittelt»,[128] heißt es in einer Untersuchung von Christof BENZ. Die Aussage unterstellt, dass es Theorien gibt, die praxisrelevant sind und dabei helfen, praktische Probleme zu bearbeiten. Ein solcher Standpunkt ist nicht unumstritten.

An dieser Stelle will ich die Frage nicht allgemein diskutieren; häufig ist es ja so, dass die jeweilige Position eher etwas über den Verfasser, seine Berufsrolle und seinen Ausbildungsgang aussagt als über das Verhältnis von Theorie und Praxis. Manch einer meint, den Nachweis des Praktikers dadurch zu erbringen, dass er Wissenschaftlichkeit in Bausch und Bogen verdammt. Andere wiederum halten Theorien per se für praktisch. Hier halte ich eine Existenzaussage für vertretbar: Es gibt theoretisch fundierte Konzepte, die praktisch sein können. Ob sie es sind, hängt von verschiedenen Faktoren ab, etwa von ihrer Reichweite und der jeweiligen Situation.

Praktische Theorien muss man demzufolge suchen. Hat man sie einmal gefunden, ist die Enttäuschung manchmal riesengroß: «In der Praxis ist das alles ganz anders» – «Meine Erfahrung sagt mir da etwas anderes» – so lauten häufige Kommentare, in denen die Enttäuschung darüber mitschwingt, dass Theorie und Praxis voneinander abweichen. Erhofft wird eine Einheit von Theorie und Praxis, die letztlich auch das eigene Handeln bestätigt.

So sehr dieser Wunsch nachvollziehbar ist, so sehr nimmt er der Theorie ihre Chancen. So genannten «Kochrezepten für die Praxis», also direkt anwendbaren Handlungsanweisungen, haftet immer etwas Konservatives an. Sie sind Antworten von gestern auf die Herausforderungen von heute. Wer zukünftige Aufgaben bewältigen will, braucht mehr: ein fachliches Denken, das über rezeptologische Ansätze hinausgeht, und Lösungsansätze, die heute noch nicht gedacht sind.

Ihre Aufgabe

«Es gibt nichts Praktischeres als eine gute Theorie», ist ein viel zitiertes Bonmot, das abwechselnd Immanuel KANT, Kurt LEWIN und Albert EINSTEIN zugeschrieben wird.

- Gibt es in Ihrer persönlichen Lernbiografie ein Beispiel, das diese Behauptung untermauert?
- Mit welchen Beispielen könnten Sie Ihren Lernenden demonstrieren, dass an dieser Aussage etwas «dran» ist?

Dazu kann die *Theorie* einen Beitrag leisten: «Theorie spiegelt die Praxis nicht einfach, und sie ‹dient› dieser auch nicht in einer schlichten funktionalistischen Manier; Theorie verfolgt vielmehr ihre eigenen Zwecke. Sie ‹konstruiert› die Realität, entwirft Bilder von möglicher Realität und analysiert, warum das Mögliche nicht bzw. noch nicht das Reale ist, ‹geht› somit deutlich über die Macht des Faktischen ‹hinaus› und dient gleichwohl der Praxis – genauer: der Veränderung der Praxis.»[129] Theorie nimmt im guten Fall Praxis nicht einfach als gegeben hin, sondern hinterfragt die in der Praxis vorfindbaren Inszenierungen, Rituale und Erklärungen. Damit erweitert sie den Bereich des Möglichen und nimmt eine aufklärende Funktion gegenüber der Praxis ein.

Eine Spannung zwischen Theorie und Praxis kann produktiv wirken. Die Praxis darf der Theorie widersprechen: «Das ist ganz anders», und die Theorie darf sich widerständig gegenüber der Praxis geben: «Auf den ersten Blick scheint das zu funktionieren …» Die theoretische Erkenntnis darf sich zunächst nach internen Maßgaben wie Logik der Argumentation, Gültigkeit der Belege und Vollständigkeit der Bezüge entwickeln. Die Praxis darf ihre eigene Sprache und ihre eigenen Modelle entwickeln.

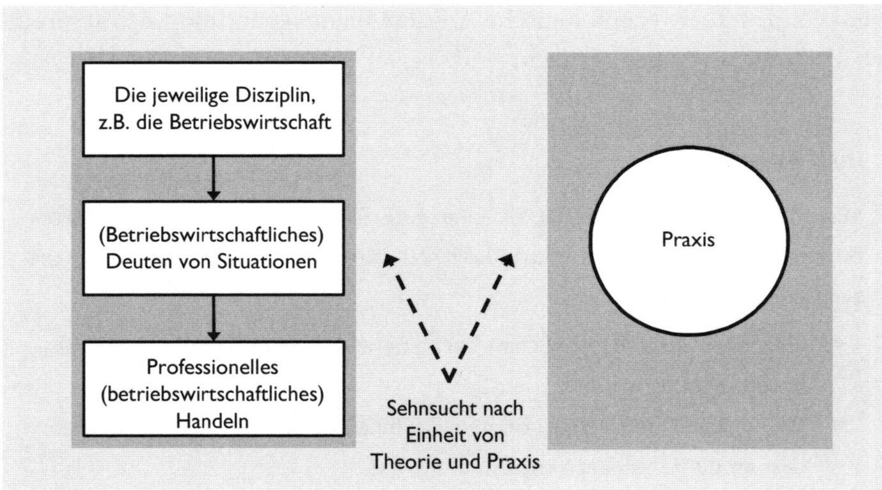

Abbildung 41: Wissen aus Theorie und Praxis – eine produktive Spannung

Theorie und Praxis, die beiden so verschiedenen Schwestern, haben viel mit großen Stoffmengen und reduzierten Inhalten, mit Vollständigkeit und Gründlichkeit zu tun. Würde ich Sie auffordern, die Begriffe «vollständig» und «reduziert» den Begriffen «Theorie» und «Praxis» zuzuordnen, so käme es vermutlich zu einem eindeutigen Ergebnis: Theorie wird eher mit Vollständigkeit assoziiert, Praxis mit Reduktion.

Warum lassen sich die Begriffe recht eindeutig zuordnen? Möglicherweise wird Theorie mit großen Mengen an Wissen, einer fachsystematischen Ordnung und dem Anspruch auf Exaktheit in Verbindung gebracht. Institutioneller Stellvertreter ist die Universität. Praxis wird dagegen eher mit effektiver Problemlösung, Knappheit von Zeit und Stringenz der Ausführung gepaart. Das Handwerk steht für Praxis, im Hochschulbereich sind es die Fachhochschulen.

Diese Zuordnung ist natürlich pauschal, weil es durchaus im theoretischen Bereich auch Ansätze in Richtung Schlichtheit gibt. «Eine Theorie ist desto eindrucksvoller, je größer die Einfachheit ihrer Prämissen ist, je verschiedenartigere Dinge sie verknüpft und je weiter ihr Anwendungsbereich ist», kommentiert Albert EINSTEIN. Umgekehrt ist nicht jede Praxis einfach. Wer sich beispielsweise die Vielzahl von Kochrezepten vor Augen führt, erkennt sofort, dass es sich hier um eine umfangreiche und in Teilen komplizierte Materie handelt.

Das angestrebte Ideal könnte *Theorie-Praxis-Verzahnung* heißen. Es zeichnet sich dadurch aus, dass zwei Dinge *nicht* der Fall sind:

- Das theoretische Wissen geht «ins Leere», wie dies beispielsweise in einer vergleichenden Studie bei Studierenden der Betriebswirtschaft der Fall war. Sie taten sich schwer, ihr wirtschaftliches Wissen in Problemsituationen umzusetzen. Im Vergleich schnitten sie schlechter ab als Studierende der Pädagogik bzw. nicht besser als Studierende der Geisteswissenschaften.[130]
- Dem praktischen Wissen haftet etwas Beliebiges an, das heißt alles, was praktisch getan wird, wird auch mit einer Erklärung versehen, die irgendwie zum konzeptionellen Rahmen passt. Oder wie Dietrich DÖRNER formuliert: «Wir lieben die Hypothesen, die wir ein-

mal aufgestellt haben, weil sie uns (vermeintlich) Gewalt über die Dinge geben. Deshalb vermeiden wir es möglichst, sie der rauen Luft der Erfahrung auszusetzen, und sammeln lieber nur Information, die mit den Hypothesen im Einklang ist.»[131]

Ihre Aufgabe

«Immer wenn dir eine Theorie als die wirklich einzig mögliche erscheint, nimm das als Zeichen, dass du weder die Theorie noch das zu lösende Problem verstanden hast.»[132] Mit dieser Aussage verweist Karl POPPER auf den konstruktiven Charakter von Theorien.

- Wenn dem so ist, was bedeutet dies für das Stoffmengenproblem und die Idee der Vollständigkeit?
- Nehmen Sie sich eine Situation, in der eine bestimmte Art von Handeln erforderlich ist. Welches Handlungswissen muss für den entsprechenden Kompetenzerwerb aufgebaut werden? Gibt es hier mehrere «richtige» Lösungen, das heißt, gibt es mehrere Theorien, Konzepte oder Modelle, die das gewünschte Handeln «hervorbringen»?

Ähnlich wie bei den *Graden der Reduktion* gibt es nicht *die* richtige Dosis von Theorie und Praxis. Die Idee einer dynamischen Balance passt auch hier: Manchmal kann es sinnvoll sein, eher theoretisch vorzugehen, etwa wenn die Perspektive erweitert oder der Sachverhalt konsequent hinterfragt werden soll. Manchmal kann es sinnvoll sein, eher praktisch vorzugehen, etwa wenn schnelles Handeln und leicht kommunizierbare Modelle gefragt sind. Die Spannung zwischen den beiden Konzepten kann auf jeden Fall produktiv genutzt werden.

6 Die Toolbox der Reduktion

Die Werkzeuge in der Toolbox der Reduktion lassen sich danach unterscheiden, ob sie der Vorbereitung der Lehre, der Darbietung von Lerninhalten oder der Aktivierung der Lernenden dienen.

Bei der Vorbereitung der Lehre geht es insbesondere darum, Inhalte in angemessener Weise zu reduzieren: Entscheidungen hinsichtlich neuer Lerninhalte werden durch die *In-Out-Technik* unterstützt. Die *3Z-Formel* hilft dabei, didaktisch relevante Voraussetzungen zu erfassen. Die eigentliche Reduktion der Inhalte erfolgt mit dem *Prioritäten-Check*, den *Sieben der Reduktion* und der *Extremreduktion*. Der *Substanzcheck* sichert die Güte dieser Schritte, die didaktische Reflexion wird durch das *«innere» Reduktionsteam* gefördert.

Bei der Darbietung geht es vorrangig darum, die Inhalte so für die Lernenden aufzubereiten, dass Reduktion und Strukturbildung lernförderlich wirken: Die *Fachlandkarte* sorgt für Orientierung, das *exemplarische Beispiel* steht stellvertretend für eine Ganzheit von Lerninhalten. Spezielle Formen der Reduktion sind *Strukturen, Bilder* und *Grafiken, Geschichten* und *Metaphern*. Der *Advance Organizer* ist eine im Voraus gegebene Lernhilfe, *Track One & Track Two* bieten unterschiedliche Lernpfade in den Lernmaterialien.

Die abschließenden Werkzeuge aktivieren die Lernenden mit Aufgabenstellungen, in denen es vorrangig um inhaltliche Reduktion und Konzentration geht: Der *Elevator Pitch* ist ein Vortrag bzw. eine Präsentation in zeitlich und inhaltlich konzentrierter Form. Der *Lern-Slogan* bringt Sachverhalte sprachlich auf den Punkt. Das *One-Minute-Paper* ist gleichsam Verarbeitungshilfe und Feedback-Instrument. *Mikroartikel* und *Ideenblatt* erfassen zentrale Aspekte eines Sachverhalts. Mit Hilfe eines *Schummelzettels* wird Reduktionsarbeit durch die Lernenden geleistet.

Download-Service

Unter www.martin-lehner.eu können Sie die Toolbox der Reduktion herunterladen. Das Kennwort lautet: Kaffee.

Inhaltsverzeichnis: Toolbox der Reduktion

Vorbereitung: Inhalte reduzieren

Darbietung: Inhalte aufbereiten

Aktivierung: Inhalte verarbeiten lassen

In-Out-Technik

Phase	Zweck
Vorbereitung	Inhalte bzw. Lehrstoff auswechseln.

Idee

Bei einem unveränderten Zeitbudget empfiehlt es sich, die Stoffmenge ebenfalls weitgehend unverändert zu belassen.

Vorgehen

Immer wenn Sie Ihrem Lehrstoff einen neuen Inhalt hinzufügen, streichen Sie einen alten. Überlegen Sie bereits frühzeitig, welche Inhalte am ehesten verzichtbar sind.

Beispiele

Beispiel 1: Kreativitätstechniken

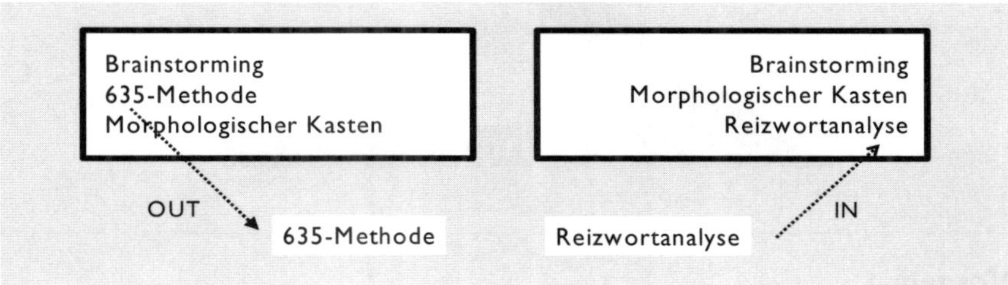

Beispiel 2: Systemtheorien

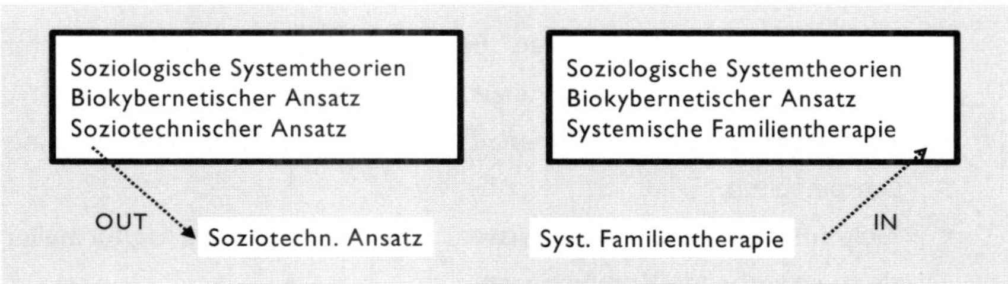

3Z-Formel

Phase	Zweck
Vorbereitung	Zielgruppe, Zeitbudget und Lernziele abstimmen.

Idee

Inhalte lassen sich unterschiedlich stark konzentrieren. Zunächst gilt es, den Rahmen für alle weiteren inhaltlichen und methodischen Entscheidungen zu bestimmen. Dabei hilft die 3Z-Formel: Zielgruppe, Zeitbudget und (Lern-)Ziele sind aufeinander bezogen.

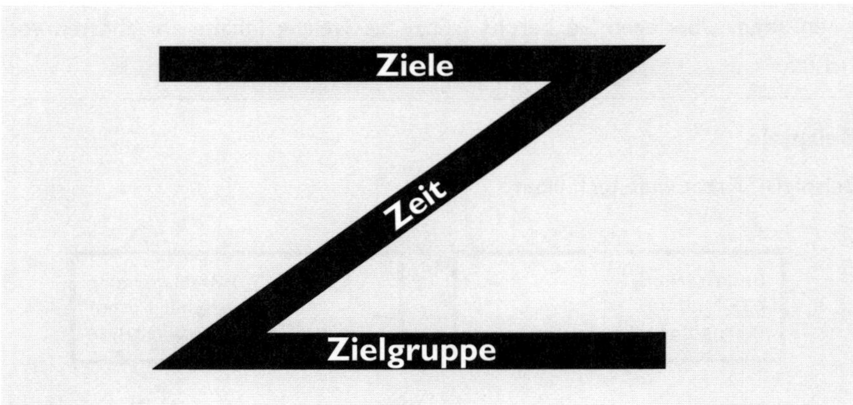

Vorgehen

Klären Sie die folgenden Aspekte hinsichtlich Ihrer Lehrveranstaltung (soweit dies möglich ist):

- Zielgruppe: Anzahl Personen, persönlicher und beruflicher Hintergrund, Vorkenntnisse, Erfahrungen, Erwartungen;
- Zeitbudget: zeitlicher Rahmen, Dauer und Häufigkeit der einzelnen Lehreinheiten;
- Ziele: unterschieden nach Wissen und Können, möglichst formuliert als zu erwerbende Kompetenzen.

Beispiele

Beispiel 1: Mechatronik (Ausbildung)

Lernfeld: Untersuchen der Energie- und Informationsflüsse in elektrischen, pneumatischen und hydraulischen Baugruppen

Zielgruppe: Auszubildende/Lehrlinge des 1. Schul-/Ausbildungsjahrs

Zeit: ca. 60 Std.

Ziele:

- Schaltpläne von steuerungstechnischen Grundschaltungen lesen, skizzieren und ändern;
- Schaltpläne mit Hilfe fachspezifischer Software erstellen und Steuerungsabläufe simulieren;
- Elektrische, pneumatische und hydraulische Baugruppen in ihren Wirkungsweisen unterscheiden und aufgabengerecht auswählen;
- Verfahren zur Erzeugung der Hilfsenergien beschreiben.

Beispiel 2: Kommunikation

Lernfeld: Persönlichkeitsbildung und Sprachen

Zielgruppe: Studierende eines Bachelor-Studiengangs (3. Semester, Fachhochschule)

Zeit: 1 SWS (Semesterwochenstunde), 1,5 ECTS

Ziele: Die Lernenden

- erläutern die Grundlagen der Kommunikation,
- wenden zwei Kommunikationsmodelle (4-Ohren-Modell, Transaktionsanalyse) anhand praktischer Beispiele an,
- deuten körpersprachliche Signale,
- reflektieren die eigene Wirkung auf andere,
- erkennen Gesprächsförderer und -störer.

Prioritäten-Check

Phase	Zweck
Vorbereitung	Inhalte nach Relevanz (für die Zielgruppe) unterscheiden.

Idee

Inhalte zu reduzieren bedeutet nicht nur, jene Inhalte zu bestimmen, die (vor dem Hintergrund von Zielgruppe, Zeitbudget und Zielen) als «wesentlich» gelten, sondern auch ausdrücklich jene Inhalte auszuscheiden, die im gegebenen Kontext als «nicht wesentlich» erachtet werden.

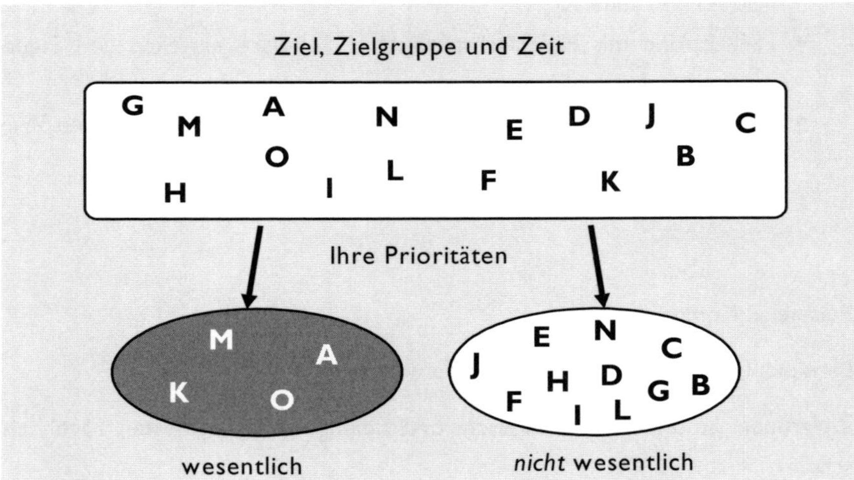

Vorgehen

Sehen Sie sich die Gesamtheit Ihrer Inhalte an und entscheiden Sie, welche dieser Inhalte Sie als wesentlich bzw. nicht wesentlich einschätzen. Treffen Sie auch die Entscheidung «nicht wesentlich» sehr bewusst. – Achtung: Ein typisches Vermeidungsverhalten besteht darin, die Kategorien der wesentlichen Inhalte so umfassend zu bestimmen, dass letztlich wieder alle Inhalte enthalten sind.

Beispiele

Beispiel 1: Formatvorlagen (Software Textverarbeitung, Weiterbildung)

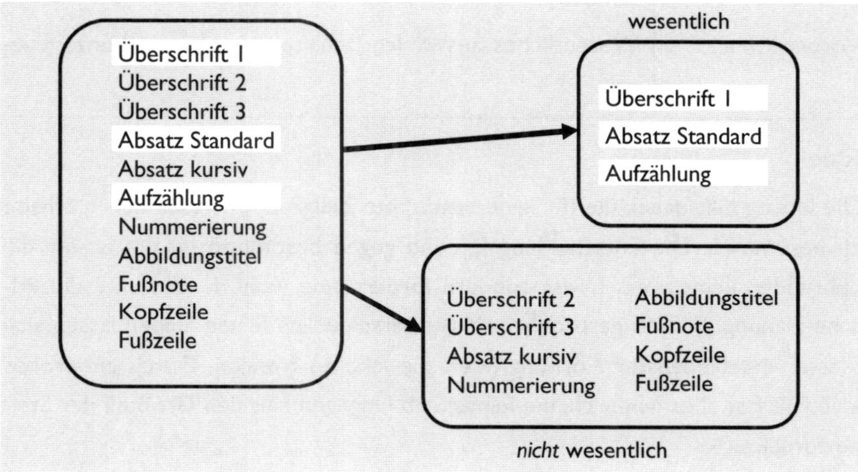

Beispiel 2: Organisationsentwicklung

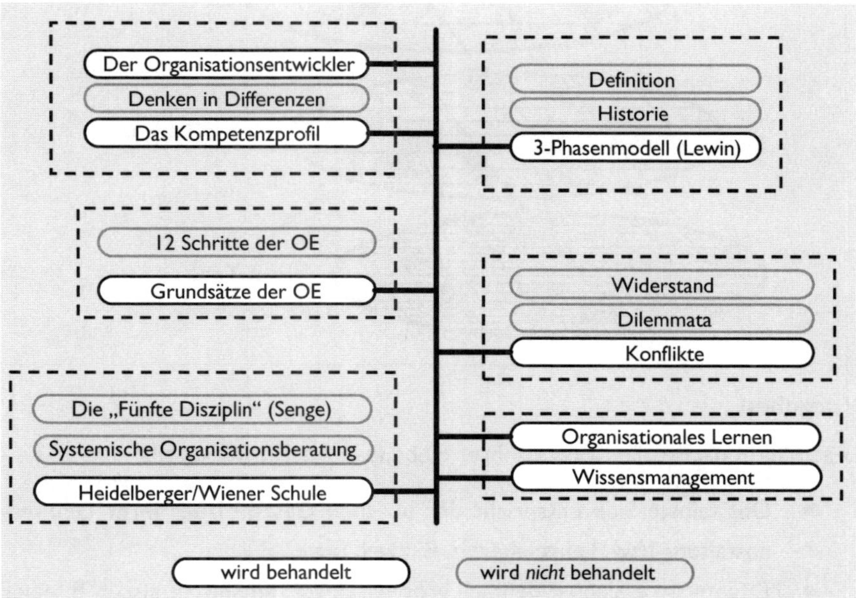

Siebe der Reduktion

Phase	Zweck
Vorbereitung	Wesentliches auswählen, Inhalte zeitabhängig konzentrieren.

Idee

Die Übung hilft dabei, die (für eine bestimmte Zielgruppe) wesentlichen Inhalte zu bestimmen. Die Entscheidung für und gegen bestimmte Inhalte ist für die Lehrenden keineswegs trivial, sondern fordert eine wohl durchdachte didaktische Planung. Bildlich gesprochen: Mit unterschiedlich feinen Sieben lassen sich Steine verschiedenster Körnung (hier: die Inhalte) trennen. Durch ein grobes Sieb fällt fast alles hindurch, ein feines Sieb hingegen hält den Großteil der Steine zurück.

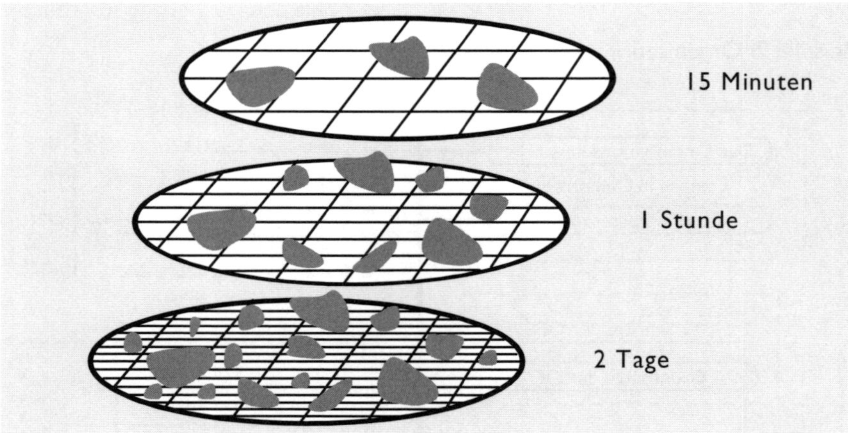

Vorgehen

Legen Sie zunächst die Körnung Ihrer Siebe fest. Als Faustregel gilt:

- Das feinste Sieb entspricht der üblichen Gesamtdauer Ihrer Lehrveranstaltung bzw. Lehreinheit, z. B. zwei Tage.
- Das mittlere Sieb ist deutlich grobmaschiger, entspricht also z. B. einer Stunde.

- Das letzte Sieb hält nur die wesentlichen Inhalte auf, z. B. für einen 15-minütigen Kurzvortrag.

Es empfiehlt sich, beim Sieben zunächst mit dem gröbsten Sieb zu beginnen, da es häufig leichter fällt, wenige zentrale Inhalte auszuwählen, als aus vielen Inhalten einige mühevoll «auszusortieren».

Beispiele

Beispiel 1: Interpunktion (Beistrich- bzw. Kommasetzung, Deutsch)[133]

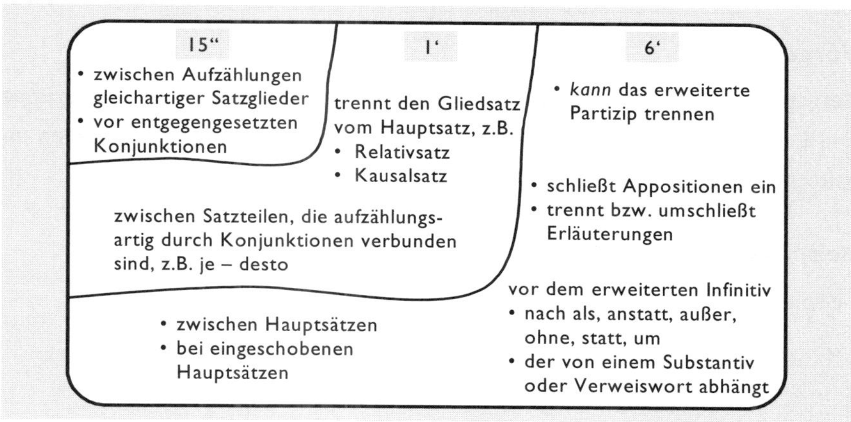

Beispiel 2: Säure-Base-Reaktionen (Chemie, Gymnasium)

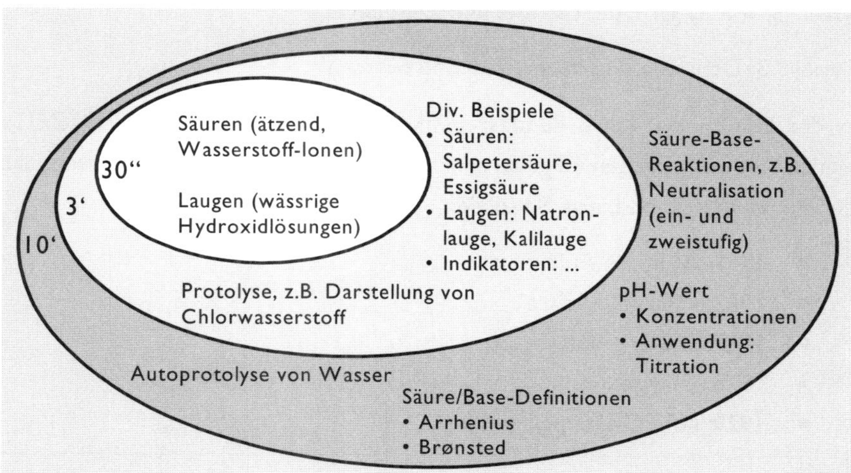

Extremreduktion

Phase	**Zweck**
Vorbereitung	Inhalte «auf den Punkt bringen».

Idee

Mit der Extremreduktion ermitteln Sie den Kern eines Lernstoffs. Sie reduzieren Ihre Inhalte auf wenige Sätze oder ein markantes Schaubild.

Vorgehen

Vergegenwärtigen Sie sich Ihre Inhalte (vor dem Hintergrund von Zielgruppe und Lernziel). Wählen Sie einen Sachverhalt oder eine Aussage, die diesen inhaltlichen Bereich «auf den Punkt bringt».

Beispiele

Beispiel 1: Marketing

«Marketing bedeutet ein Denken in Kategorien von Zielgruppen und Nutzen.»

Beispiel 2: Reduktion

«Reduzieren heißt, Wesentliches von Unwesentlichem zu trennen, und zwar abhängig von Zielgruppe, Lernziel und Zeitbudget.»

Beispiel 3: Deutsche Geschichte in Kontroversen

In der Edition «60 Jahre Bundesrepublik Deutschland im Spiegel der ZEIT» werden die vergangenen 60 Jahre anhand von 60 prägenden Kontroversen «auf den Punkt gebracht». Einige Beispiele:

- 1957: Atomare Aufrüstung
- 1962: «Spiegel»-Affäre
- 1967: Studentenbewegung
- 1973: Ölkrise
- 1979: NATO-Doppelbeschluss

Beispiel 4: Prozessmanagement

Die Lernenden erarbeiten mehrere Vorschläge für eine sinnvolle Extremreduktion und diskutieren diese anschließend. Ein Vorschlag erfährt viel Zuspruch:

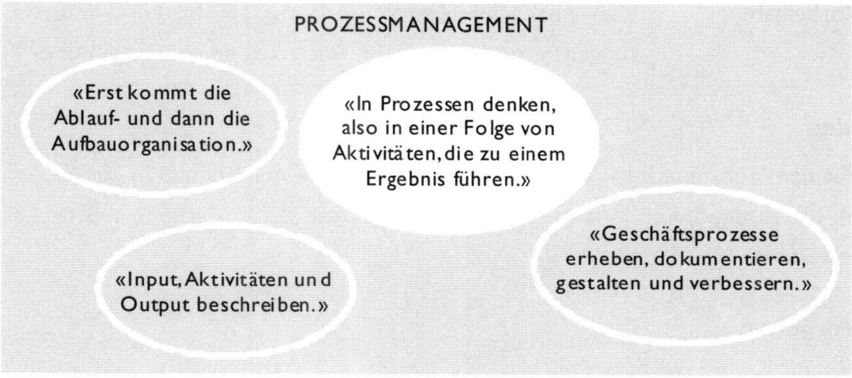

Substanzcheck

Phase	Zweck
Vorbereitung	Den inhaltlichen Gehalt (in Bezug auf die Lernvoraussetzungen) ermitteln, z. B. im Anschluss an eine Reduktion.

Idee

Mit dem Substanzcheck ermitteln Sie die Qualität einer Reduktion. Sie klären, ob die ausgewählten Inhalte tatsächlich das Wissen der Zielgruppe substanziell erweitern.

Vorgehen

Die Frage in Bezug auf jede Art von reduzierter Information lautet: Welche Neuigkeiten erfahren die Lernenden? Oder etwas umgangssprachlich: Was bringt dies Neues für

- diese Zielgruppe
- mit diesen Lernzielen?

Hinweis: Kategorien bzw. «Schubladen» verweisen häufig nur auf eine Vielzahl von dahinterstehenden Konzepten, Ansätzen und weiteren Begriffen, statt konkrete Botschaften zu transportieren.

Beispiele

Beispiel 1: Käse (Textauszug aus Kochbuch)

Zwei mögliche Ergebnisse einer starken Reduktion:

Vorschlag 1	Vorschlag 2
Herstellung Lagerung Geschichte	Käse entsteht aus Milch durch Zusatz von Fermenten
Substanzcheck 1: nur Kategorien, kein neues Wissen	Substanzcheck 2: neue Information (Prozess, Fermente)

Beispiel 2: Skifahren

Vorschlag 1	Vorschlag 2
- Das Gewicht ist immer vorne auf den Skiern. - Der Bergski ist leicht vor dem Hangski.	- Körperhaltung - Parallelschwung - Carven
Substanzcheck 1: konkrete Aussagen, z.B. über Gewichtsverlagerung	Substanzcheck 2: eher Kategorien, Aussagen können vermutet werden

«Inneres» Reduktionsteam

Phase	Zweck
Vorbereitung	Unterschiedliche Perspektiven einnehmen: reduzieren, strukturieren und Details ergänzen.

Idee

Bei der Aufbereitung von Inhalten kann es sinnvoll sein, verschiedene Perspektiven einzubringen. Das «innere» Reduktionsteam fokussiert auf die Aspekte: Reduktion, Struktur und Details.

Vorgehen

Vergegenwärtigen Sie sich die Rahmenbedingungen Ihres didaktischen Handelns, z. B. anhand der 3Z-Formel. Bei der anschließenden Transformation von Fachinhalten zu Lerngegenständen bringen Sie drei «personifizierte» Perspektiven ein:

- Strukturexperte: «Eine klare Ordnung will ich erkennen.» – «Welche Aspekte hängen auf welche Weise zusammen?»

- Spezialist: «Da fehlt noch was! – Hast du auch an xyz gedacht?»
- Reduktionsbeauftragter: «Das ist noch viel zu viel!» – «Was kann man da noch weglassen.» – «Konzentrieren Sie sich bitte auf das Wesentliche!»

Beispiel

Beispiel 1: Grundlagen der Elektrotechnik (Bachelor-Studiengang Erneuerbare Energien, 1. Semester, 2 SWS bzw. 3 ECTS)

- Strukturexperte: «Also, da lassen sich meiner Meinung nach folgende Bereiche sinnvoll unterscheiden: Gleichstromtechnik, Messtechnik, magnetisches Feld, elektrostatisches Feld, evtl. noch die Stromsysteme und die Halbleitertechnik (...)»
- Reduktionsbeauftragter: «Das ist doch für 2 SWS viel zu viel! Ich würde mich vor allem auf die Gleichstromtechnik und die Messtechnik konzentrieren, weil das später äußerst wichtig wird. Die Halbleitertechnik können wir in dieser Veranstaltung nur anreißen (...)»
- Spezialist: «Was ist mit der Wechsel- und Drehstromtechnik, die hat doch wohl niemand vergessen? Und bei der Halbleitertechnik muss unbedingt noch etwas zu Dioden gebracht werden (...)»

Beispiel 2: Präsentationstechnik

- Strukturexperte: «Rhetorik und Körpersprache, inhaltliche Auswahl und Aufbereitung, Dramaturgie und Drehbuch, Auswahl und Einsatz von Medien sind ganz zentrale Bereiche (...)»
- Reduktionsbeauftragter: «Es braucht Präsentationsübungen mit Feedback, da bleibt nicht viel Zeit – die Körpersprache und die Aufbereitung der Inhalte sind besonders wichtig (...)»
- Spezialist: «Bei der Körpersprache muss man sauber zwischen Gestik, Mimik, Haltung usw. differenzieren. – Medien haben durchaus unterschiedliche Funktionen: Veranschaulichung, Anregung, Darstellung von komplexen Zusammenhängen, Ansprache unterschiedlicher Lerntypen usw. (...)»

Fachlandkarte

Phase	**Zweck**
Darbietung	Fachliche Struktur aufzeigen, für Orientierung sorgen.

Idee

Eine Fachlandkarte bietet Übersicht und Orientierung über Inhalte, z. B. in Form von Begriffsnetzen. Sie bietet Übersichts- und Strukturwissen. Bildlich gesprochen: Die Fachlandkarte ist der Routenplaner für Lehrveranstaltungen.

Vorgehen

Klären Sie die folgenden Fragen für Ihr Fachgebiet bzw. Ihre Lehrveranstaltung:

- Welche Inhalte sind für die Zielgruppe wesentlich und in welchem Verhältnis stehen sie zueinander?
- Zeichnen Sie die Fachlandkarte und arbeiten Sie dabei Strukturen heraus, z. B. das «große Ganze» und die Spezialgebiete.

Sie können die Fachlandkarte beispielsweise am Beginn einer Lehrveranstaltung einsetzen, evtl. arbeiten Sie hier mit Permanent-Medien wie Flipchart oder Pinnwand. Hinweis: Fachlandkarten ähneln Mindmaps, im Unterschied zu diesen betonen sie jedoch die Perspektive der Lehre.

Beispiele

Beispiel 1: Sturm und Drang (Literatur im Fach Deutsch, Gymnasium)[134]

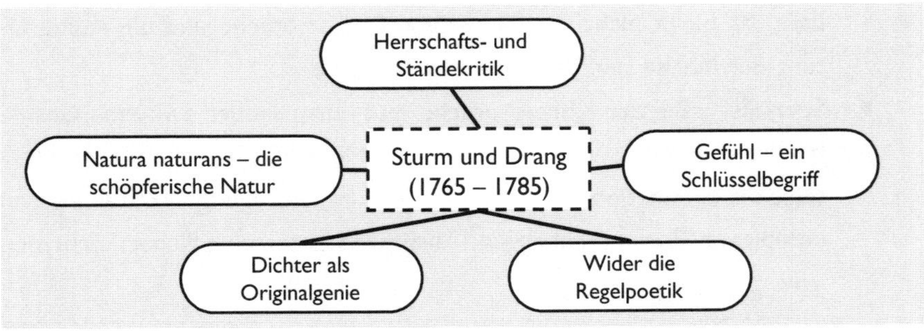

Beispiel 2: Grundlagen der Programmierung (Bachelor-Studiengang Wirtschaftsinformatik, 1. und 2. Semester)[135]

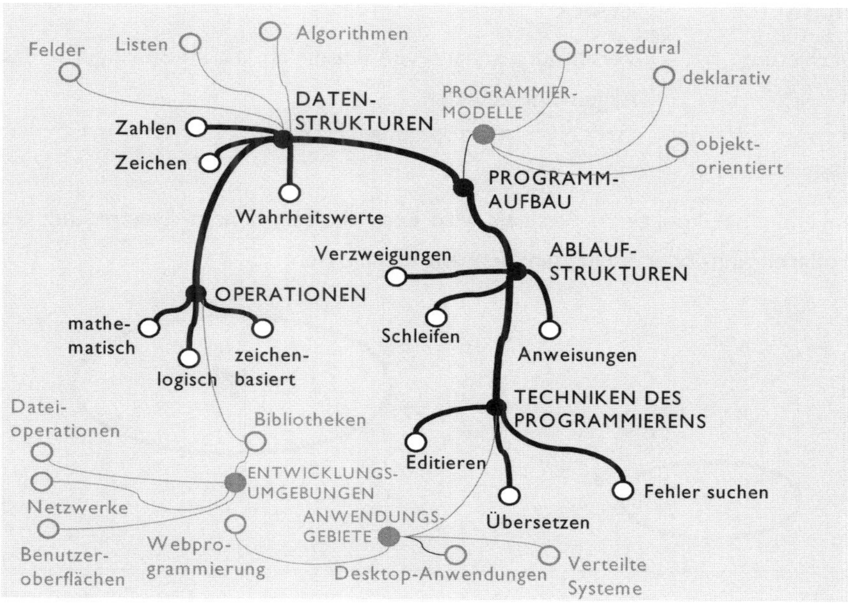

Beispiel 3: Moderation (Workshop)

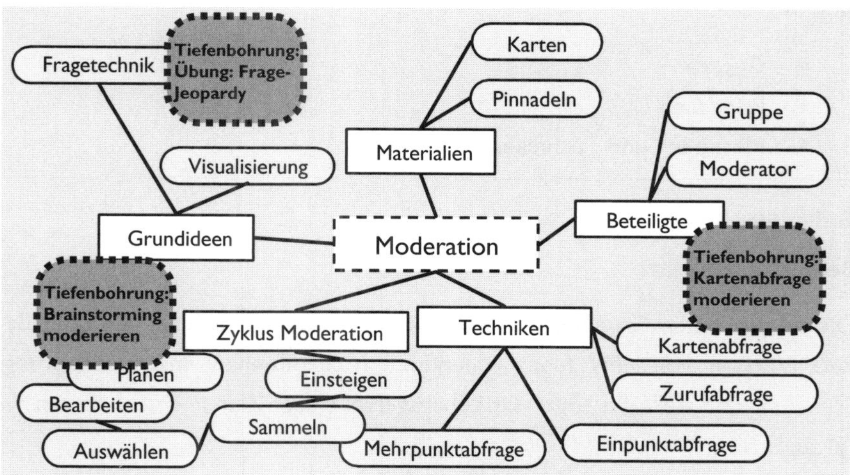

Exemplarisches Beispiel

Phase	**Zweck**
Darbietung	Vermittlung anhand von Beispielen, die im Besonderen das Allgemeine abbilden.

Idee

Anhand eines konkreten Beispiels wird exemplarisch, d. h. stellvertretend, ein größerer Sinn- oder Sachzusammenhang erschlossen.

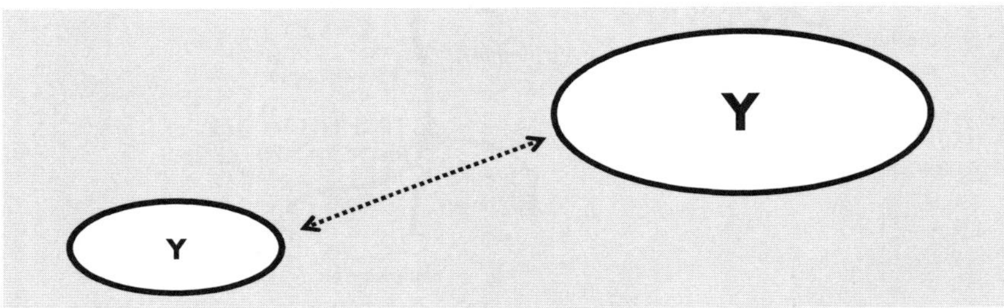

Vorgehen

Überlegen Sie, welche Aspekte eines größeren Zusammenhangs stellvertretend über das exemplarische Beispiel erschlossen werden können. Mögliche Aspekte sind z. B.:

- Gesetze,
- Prinzipien,
- Methoden und Techniken.

Beispiele

Beispiel 1: Cool Jazz

Die musikalischen Grundideen des Cool Jazz lassen sich anhand von Chet Bakers Version von «My funny Valentine» nachvollziehen: Instrumentierung, Stimmung und vielleicht sogar das Lebensgefühl dieser Zeit sind über diesen Titel zugänglich.

Beispiel 2: Lernspiele

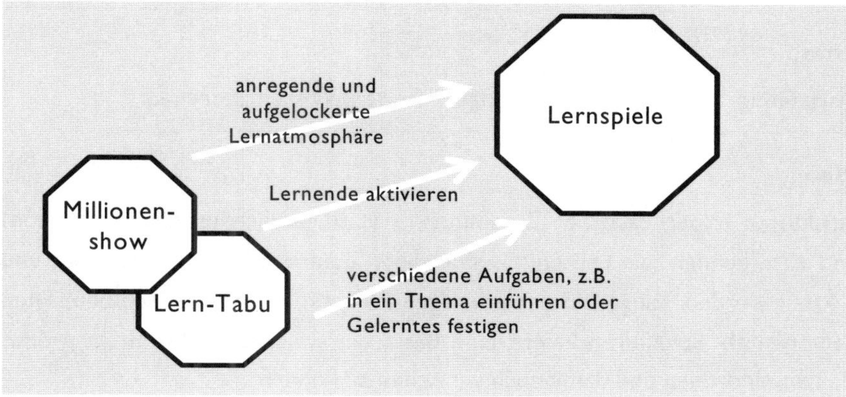

Beispiel 3: Einnahmen-Ausgaben-Rechnung (anhand von zwei exemplarischen Kategorien)

Büromaterial					
Position	**Lieferant**	**Datum**	**Brutto**	**USt.**	**Netto**
Kopierpapier	ProBüro	30. 4. 2012	36,--	6,--	30,--
....	....	....			
....	....	....			
Weiterbildung					
Seminar XYZ	ProTrain	16. 5. 2012	240,--	40,--	200,--
....	....	....			
....	....	....			

Strukturen

Phase	**Zweck**
Darbietung	Zusammenhänge aufzeigen, Wissen zuordnen.

Idee

Strukturen tragen dazu bei, Zusammenhänge zu bezeichnen (als Lehrperson) und zu erkennen (als Lernende). Wie diese Zusammenhänge bezeichnet und erkannt werden, hängt von der jeweiligen Perspektive und von den beteiligten Personen ab. Strukturen liefern eine Basis, um weitere Inhalte in ein großes Ganzes einordnen und damit auch verstehen zu können.

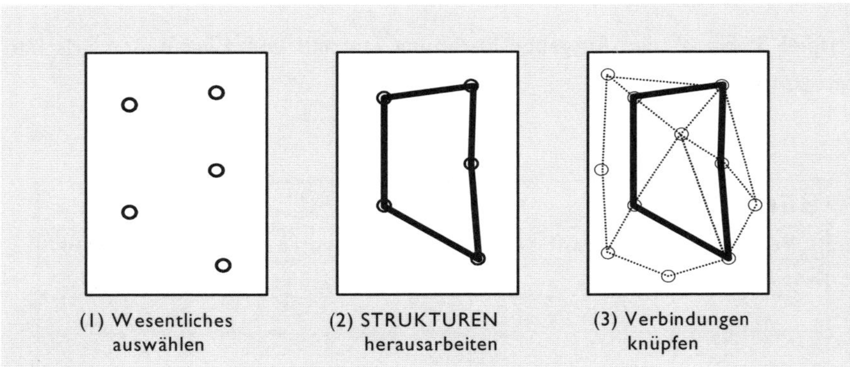

Vorgehen

Ausgehend von einer größeren Stoffmenge entstehen Strukturen wie folgt:

- Wesentliches auswählen;
- Strukturen herausarbeiten (je nach Blickpunkt: zeitlich, hierarchisch, situativ);
- Verbindungen knüpfen.[136]

Hinweis: Mit Hilfe der Struktur-Lege-Technik (s. Kap. 4.2) werden Strukturen rekonstruiert. Unterschiedliche Gruppen erstellen in der Regel unterschiedliche Ergebnisse, die es zu diskutieren und zu reflektieren gilt.

Beispiele

Beispiel 1: Tennis (hierarchische Struktur: Spiel, Satz, Match)

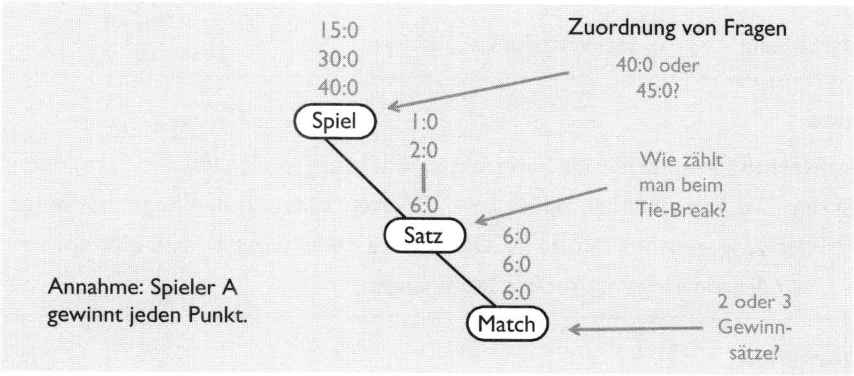

Beispiel 2: Unterricht (Struktur mit innerer und äußerer Seite)[137]

Äußere Seite (beobachtbar)				
Zielvorgaben u. Absprachen	konkrete Lern-gegenstände	Sozial-räumliche Gestaltung	Lehr-Lern-Tätigkeiten	Lehr-Lern-Schritte
Ziele	**Inhalte**	**Soziale Beziehungen**	**Handeln**	**Zeit**
Lehr-Lern-Logik	Sachlogik	Beziehungs-logik	Handlungs-logik	Verlaufs-logik
Innere Seite (nicht direkt beobachtbar)				

Beispiel 3: Präsentation (zeitliche Struktur)

Bilder und Grafiken

Phase	Zweck
Darbietung	Sachverhalte visualisieren.

Idee

Sachverhalte in sprachlicher Form lassen sich häufig in eine visuelle Form überführen. Die entstehenden Bilder bzw. Grafiken bilden in der Regel nur einen Teil der vorgegebenen Inhalte ab. Die visuelle Reduktion ist somit eine spezielle Form des Umgangs mit großen Stoffmengen.

Vorgehen

Überlegen Sie sich, welchen Zweck die Visualisierung eines Sachverhalts erfüllen soll, z. B. diesen

- strukturieren,
- zusammenfassen,
- erklären,
- leicht erinnerbar machen.

Beispiele

Beispiel 1: Lerntheorien (Psychologie)

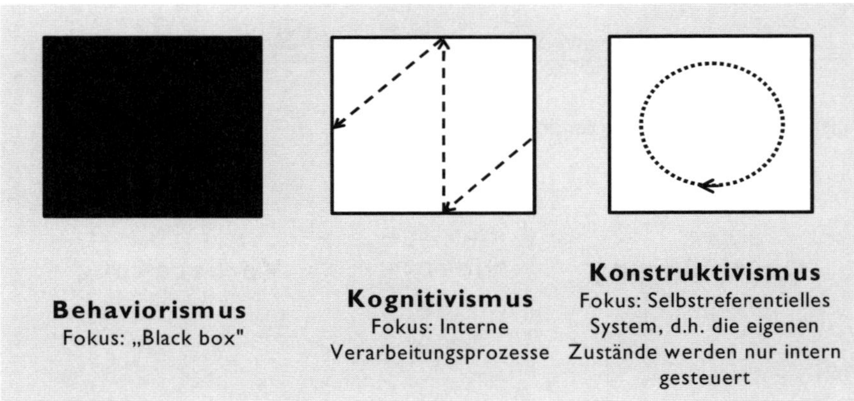

Beispiel 2: Die Großen Seen in Nordamerika (Geografie)

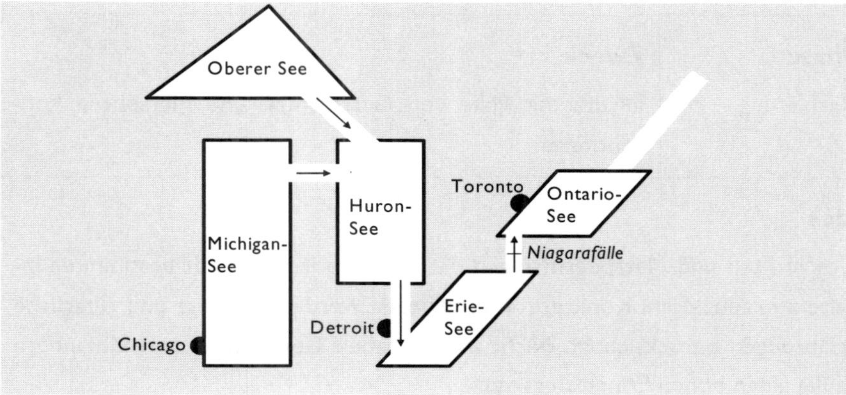

Beispiel 3: Wärmepumpe (Energietechnik)

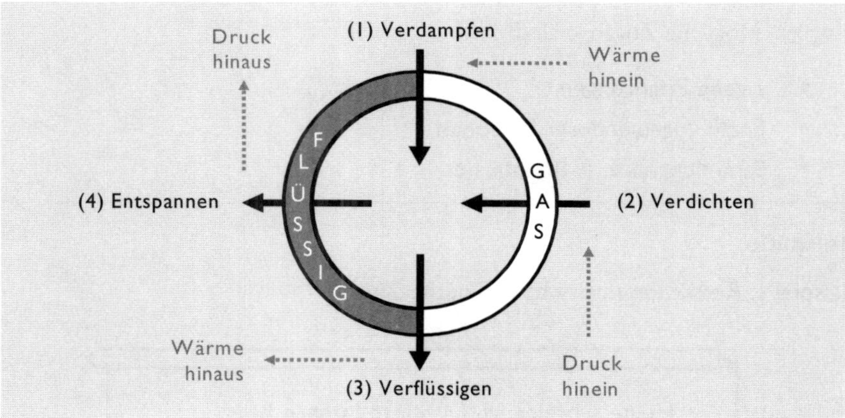

Geschichten und Metaphern

Phase	**Zweck**
Darbietung	Inhalte mit Hilfe von Geschichten und Metaphern konzentrieren.

Idee

Geschichten und Metaphern tragen dazu bei, die Komplexität bestimmter Inhalte zu reduzieren. Konkrete Vorstellungen werden angeregt und alltägliche Erfahrungen berücksichtigt. Nicht zuletzt haben Geschichten und Metaphern häufig einen hohen Erinnerungswert.

Vorgehen

Passende Geschichten und Metaphern zu entwickeln, ist nicht immer ad hoc möglich. Mögliche Zugänge sind:

- eigene Erfahrungen,
- Erzählungen anderer Personen,
- Sammlungen, z. B. im Internet.

Beispiele

Beispiel 1: Reduktion (Story bzw. Goethe-Zitat)

> Heute schreibe ich Dir einen **langen** Brief.
> Für einen **kurzen** hatte ich keine Zeit.

Beispiel 2: Zielorientierung im Management (Story bzw. Witz)

Eine Führungskraft steigt in ein Taxi. Fragt der Taxilenker: «Wohin darf ich Sie fahren?» – Antwortet die Führungskraft: «Ach, egal wohin, ich werde überall gebraucht.»

Beispiel 3: Steuer auf Bierdeckel (Story)

Friedrich Merz (CDU-Politiker, Deutschland): «Wenn die Menschen sich auf einem Bierdeckel ausrechnen sollen, wie hoch ihre Steuerschuld ist, dann müssen wir statt komplizierter Formeln einfache Steuerstufen einführen.»

Beispiel 4: Katalysator (Metapher)

Um zu erläutern, wie Katalysatoren funktionieren, greifen Chemiker gern auf das Märchen vom achtzehnten Kamel zurück: Ein Vater hat drei Söhne und siebzehn Kamele. Als er stirbt, bringt das Testament eine scheinbar unlösbare Aufgabe mit sich. Es weist dem ältesten Sohn die Hälfte, dem mittleren Sohn ein Drittel und dem jüngsten Sohn ein Neuntel der Kamele zu. – Wie die Söhne noch überlegen, kommt ein Fremder auf einem Kamel des Wegs. Er stellt sein Kamel zu den anderen, womit nun achtzehn Kamele beisammen sind. Damit ist die Aufgabe lösbar: der Älteste erhält neun, der Mittlere sechs und der jüngste zwei Kamele. Es verbleibt das achtzehnte und letzte Kamel, das der Fremde besteigt und seines Weges reitet.

Beispiel 5: Didaktische Reduktion (Metapher)

Der Blumenstrauß als Metapher für die didaktische Reduktion: Wer seiner Liebsten Blumen mitbringen möchte, der pflückt auch nicht den ganzen Garten, sondern wählt einige Blumen aus – meist die Schönsten oder Auffälligsten. Die Blumen werden dann mit etwas Grün verziert und geschmackvoll arrangiert.

Advance Organizer

Phase	**Zweck**
Darbietung	Orientierung durch eine im Vorhinein gegebene Lernhilfe.

Idee

Der Advance Organizer ist eine früh im Lernprozess vermittelte Expertenstruktur, die den Lernenden dabei hilft, sich inhaltlich zu orientieren. Zusätzlich wird das Lerninteresse stimuliert, vorhandenes mit neuem Wissen verknüpft und die Aufmerksamkeit der Lernenden gelenkt.

Vorgehen

Erstellen Sie eine Folie oder ein Arbeitsblatt mit einigen dieser Elemente:

- ca. 15 relevante Begriffe, Fragen oder Ideen;
- Hinweise auf wichtige Zusammenhänge;
- Visualisierung ausgewählter Aspekte.

Die Lehrperson präsentiert den «Advance Organizer» in max. 15 Minuten.

Beispiel

Beispiel 1: Lernen (Erziehungswissenschaft, Psychologie)

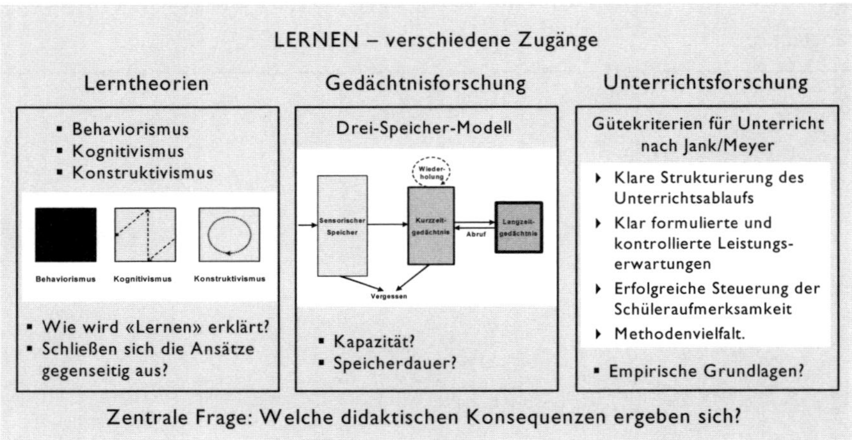

Beispiel 2: Spezielle Relativitätstheorie (Physik)

Spezielle Relativitätstheorie (Einführung)

Albert Einstein (1905)

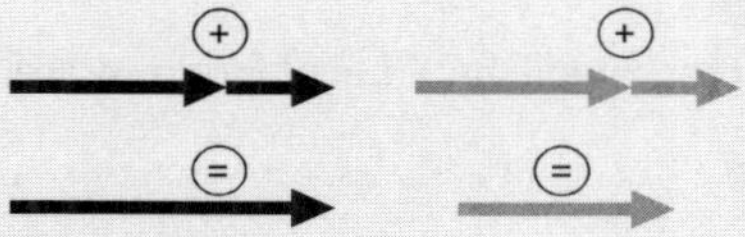

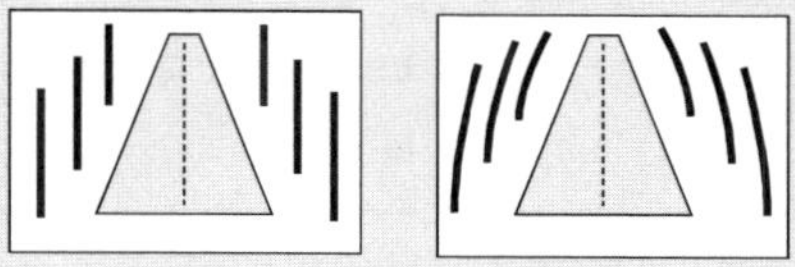

Addition von Geschwindigkeiten

Klassisch: Zug mit 100 km/h und Schaffner in diesem Zug mit 5 km/h (in Fahrtrichtung) ➔ Geschwindigkeit des Schaffners relativ zur Erde: 105 km/h. – *Gedankenexperiment:* Zug fährt mit halber Lichtgeschwindigkeit (0,5 c), Schaffner leuchtet mit Taschenlampe (c) in Fahrtrichtung ➔ in der Addition käme Überlichtgeschwindigkeit (1,5 c) heraus.

Das kann nicht sein: Nichts ist schneller als das Licht. Mit ca. 300.000 km/s ist die Lichtgeschwindigkeit das absolute Limit, dieser Wert bleibt immer gleich, egal wie schnell sich die Lichtquelle oder der Beobachter bewegt.

Verzerrung von Zeit und Raum

Klassisch (links): Blick aus dem Auto bei 45 km/h. – *Gedankenexperiment (rechts):* Was geschieht, wenn wir die Lichtgeschwindigkeit verlangsamen? Das Licht hat 50 km/h, das Auto 45 km/h. In dieser simulierten Welt fährt das Auto mit 90% Lichtgeschwindigkeit.

Eine ehemals gerade Laterne ist nun gebogen, denn das Licht hat von ihrem oberen Ende einen längeren Weg zum Betrachter. Wäh-rend dieser Zeit haben wir uns jedoch schon ein Stück weiterbewegt, die Spitze der Later-ne scheint dann an einer anderen Position als das Mittelstück. – Raum und Zeit verzerren sich, wenn relative Geschwindigkeiten der des Lichts nahe kommen (Längenkontraktion, Zeitdilatation).

Beispiel 3: Große Stoffmengen (Didaktik)

Mit großen Stoffmengen umgehen

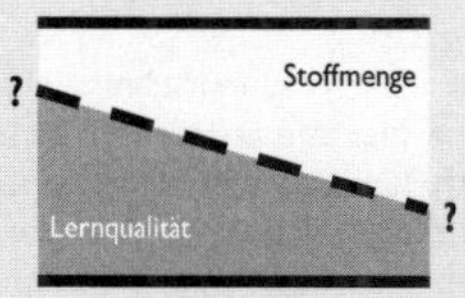

- Bedeutet «mehr Stoff» weniger Qualität?
- Wie haben Experten ihr Wissen «verdichtet»?

«Grundlandschaften» und «Tiefenbohrungen»:

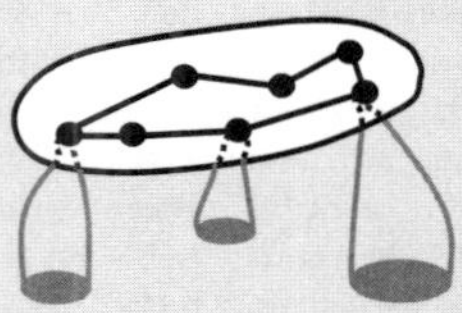

- Orientieren und
- exemplarisch «vertiefen»

Was ist wesentlich?

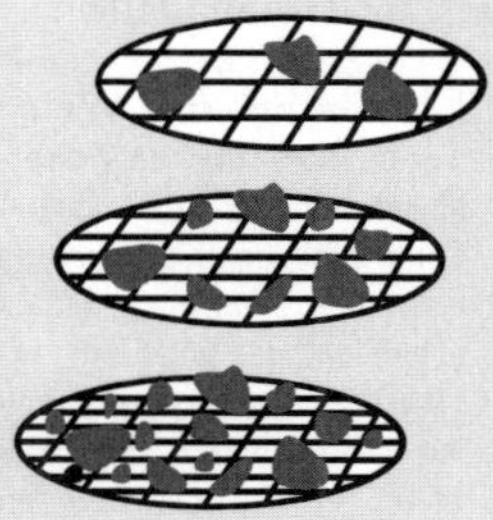

Die Siebe der Reduktion: Was «bringe» ich in

- 15 Minuten,
- zwei Stunden oder
- einem Tag?

Achtung: «Vollständigkeitsfalle»!

Track One & Track Two

Phase	Zweck
Darbietung	Lernmaterialien mit unterschiedlichen Lernpfaden erstellen.

Idee

In Lernmaterialien wie Skripten, Arbeitsunterlagen oder Handouts lassen sich unterschiedliche Lernpfade mit verschieden starken Reduktionen einbauen.

Vorgehen

Nehmen Sie eine vorhandene Lernunterlage und entscheiden Sie, welche Inhalte Sie den unterschiedlichen Lernpfaden zuweisen. Bedenken Sie hierbei die folgenden Kriterien:

- formal: Lernziele und Zeitbudget;
- inhaltlich: die Verbindungen zwischen den ausgewählten Aspekten.

In einer fertigen Unterlage bewerkstelligen Sie dies, indem Sie die Inhalte eines Pfades mit einer Schattierung (z. B. grau) hervorheben.

Beispiel

Beispiel 1: Kalkulation

In der betrieblichen Weiterbildung werden mit Tagessätzen üblicherweise alle Aufwendungen abgegolten, die im Zuge der Vorbereitung, Durchführung und Nachbereitung von Trainings entstehen. Achtung: Ein Tagessatz schwankt erheblich, je nachdem ob Fahrtkosten und Übernachtung in ihm enthalten sind oder nicht! An Hochschulen und Volkshochschulen wird zwar eher mit Stundensätzen gerechnet. Freischaffenden ist allerdings zu empfehlen, stets den Tagessatz als Berechnungsgröße zugrunde zu legen. So kann man über alle Kunden hinweg einheitlich kalkulieren.

Der Tagessatz ist also die zentrale Messgröße, um den eigenen unternehmerischen Erfolg zu steuern. Er kann als Jahresdurchschnitt und als kundenspezifische Maßzahl berechnet werden. Ziel des unternehmerischen Handelns ist es, den durchschnittlichen Tagessatz pro Jahr zu erhöhen, indem Aufträge mit höherem Tagessatz akquiriert und mit niedrigerem abgegeben werden. Wenn dies gelingt, reduziert sich – bei gleichbleibendem finanziellem Jahresbedarf – die effektive Arbeitszeit.

Um Tagessätze in Bezug auf den Aufwand realistisch einzuschätzen, sollten Anfänger einen Schlüssel von 1 zu 3,5 ansetzen (ein Tag Durchführung gegenüber zwei Tagen Vorbereitung, einem halben Tag Nachbereitung und einem Tag für die An- und Abreise).

Elevator Pitch

Phase	Zweck
Aktivierung	Wesentliche Inhalte bzw. Ideen in drei Minuten erläutern.

Idee

Der Elevator Pitch (auch: die Elevator Speech) ist ursprünglich eine «Aufzugspräsentation» mit dem Ziel, eine Dienstleistung oder ein Produkt vorzustellen. Übertragen auf die Lehre ist es eine Aufforderung an die Lernenden, bestimmte Inhalte in konzentrierter Form zu präsentieren.

Vorgehen

Weisen Sie die Lernenden auf den zeitlichen Rahmen der Präsentation hin (z. B. drei Minuten). Hilfreiche Elemente eines Elevator Pitch sind beispielsweise:

- Bilder und Vergleiche,
- Beispiele,
- passende Reduktionen.

Beispiel

Beispiel 1: Intuition (Stichworte für Drei-Minuten-Elevator-Pitch)[138]

Intuition

- Übung: Welche Stadt hat mehr Einwohner: Detroit oder Milwaukee? – Intuitive Entscheidung für Detroit ist richtig.
- Rekognitionsheuristik: Wir nehmen das, was uns bekannt(er) ist.
- Weniger-ist-mehr-Effekt: Weniger Wissen ist in manchen Situationen hilfreich.
  (..........)
- Intuition bzw. Intelligenz des Unbewussten: Ohne Nachdenken weiß man sofort, welches die richtige Vorgehensweise ist.
  (..........)
- Beispiel: Professionelle Handballspieler müssen sich schnell für den richtigen Spielzug entscheiden. Die Optionen, die erfahrenen Handballern einfallen, werden schlechter, je länger sie nachdenken.
  (..........)
- Intuitionen: erwachsen aus Faustregeln, die einer komplexen Umwelt nur wenige Informationen entnehmen. – Die beste Entscheidung ist nicht zwangsläufig die, bei der bis zum Ende abwogen wird.

Lern-Slogan

Phase	**Zweck**
Aktivierung	Inhalte in einer konzentrierten Form bündeln, dabei spielerisch vorgehen.

Idee

Als Slogan bezeichnet man wirkungsvoll formulierte, spot-artige Sprüche, die sich durch ein hohes Maß an Einprägsamkeit auszeichnen. Dazu zählen Eselsbrücken, Sprichwörter, kurze Reime und einfache Merksätze. Die Lernenden reflektieren die Inhalte spielerisch und bündeln sie anschließend zu einem Lern-Slogan.

Vorgehen

Fordern Sie die Lernenden auf, einen Lern-Slogan zu entwickeln. Weisen Sie darauf hin, dass gute Slogans in der Regel folgende Merkmale aufweisen:

- zusammenfassend,
- sachlich richtig,
- treffsicher formuliert,
- einprägsam.

Die Formulierung eines Lern-Slogans kann sowohl als Abschluss am Ende einer bestimmen Lernsequenz stehen – quasi als konzentrierte Zusammenfassung – als auch punktuell als Merkhilfe dienen.

Beispiele

Beispiel 1: Eventmanagement

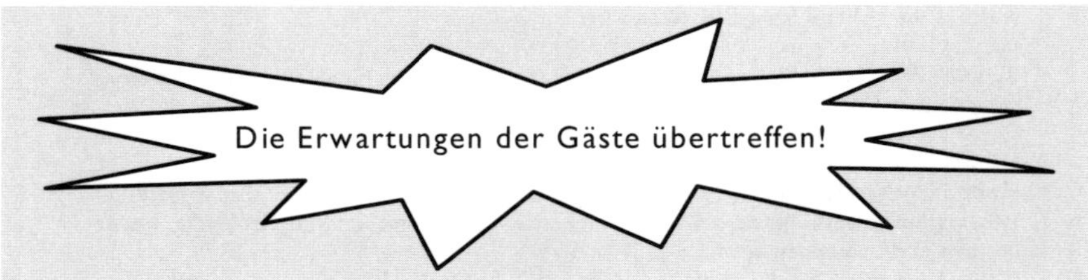

Beispiel 2: Projektmanagement

Die Lernenden entwickeln in Kleingruppen Lern-Slogans. Sie praktizieren damit eine Spielart der Extremreduktion. Die Ergebnisse sind vielfältig, aber nicht beliebig. Nach einer Kurzpräsentation der Slogans bespricht der Lehrende die Ergebnisse und stellt auch seinen eigenen Slogan vor.

One-Minute-Paper

Phase	Zweck
Aktivierung	Konzentriertes Feedback zur Lehrveranstaltung (meist am Ende einer Lehreinheit), Reduktionsarbeit der Lernenden.

Idee

Mit Hilfe des One-Minute-Papers erfahren Sie von den Lernenden, wo diese gerade stehen und was gegebenenfalls noch zu tun ist. Gleichsam setzen sich die Lernenden aktiv mit den gerade vorgetragenen Inhalten auseinander.

Vorgehen

In der Regel am Ende einer Lehreinheit bitten Sie die Lernenden, zwei Fragen Ihrer Wahl auf einem Blatt Papier zu beantworten, z. B.:

- «Welche wichtigen Erkenntnisse haben Sie heute gewonnen?»
- «Welche Frage ist offen geblieben?»

Dafür steht den Lernenden ca. eine Minute zur Verfügung. Informieren Sie vorab, dass Sie die Umfrage anonym auswerten und die Ergebnisse in die nächsten Lehreinheiten einfließen lassen (sofern noch welche folgen).

Beispiel

Beispiel 1: Allgemeine Fragen

„Welche wichtigen Erkenntnisse haben Sie heute gewonnen?“	„Welche Frage ist noch offen geblieben?“
genaues Projektbudget erforderlich Meilensteine fixieren und kommunizieren	Projektcontrolling – was ist zu tun?

Beispiel 2: Spezielle Fragen

Sie können mit dieser Methode auch die wichtigsten Inhalte während oder am Ende der Lehrveranstaltung genauer abfragen, z. B.:

- «Nennen Sie zwei konträre Standpunkte zur globalen Erwärmung.»
- «Wir haben heute über mehrere theoretische Ansätze zur Beurteilung von Mitarbeitern gesprochen, notieren Sie den Ihrer Auffassung nach wichtigsten Ansatz.»

Möglich ist auch, zu fragen, worüber die Lernenden mehr erfahren wollen – wenn es einen Konsens gibt, adressieren Sie so die Interessen der Gruppe.

Mikroartikel und Ideenblatt

Phase	Zweck
Aktivierung	Sachverhalte schriftlich konzentrieren.

Idee

Ein Sachverhalt wird in eine vorgegebene schriftliche Form (z. B. Mikroartikel, Ideenblatt) gebracht. Dabei wird dessen Kern in einer jeweils spezifischen Weise gebündelt.

Vorgehen

Der Mikroartikel[139] (max. eine Seite) ist in Erzählform gehalten. Er beginnt mit der Darstellung eines Problems und führt zu den gewonnenen Erfahrungen und Einsichten:

- Thema: Problem – Headline
- Geschichte: Handlungsbogen – Hintergrund – Kontext
- Einsichten: «Lessons learned» – Aha-Effekt mit Bildern, Analogien, Metaphern
- Folgerungen: nächste Schritte bzw. Überlegungen
- Anschlussfragen

Das Ideenblatt[140] geht im Unterschied zum Mikroartikel von einer Idee aus, die in der Regel in Aussageform gehalten ist. Die Überlegungen werden dann in beispielhafter Form anhand einer Geschichte expliziert.

- Thema: Headline
- Idee: Aussage
- Beispiel: Geschichte
- Folgerungen: nächste Schritte bzw. Überlegungen
- Anschlussfragen

Über Mikroartikel und Ideenblatt hinaus sind andere Formen der strukturierenden, häufig in Erzählform gehaltenen Bündelung von Inhalten denkbar.

Beispiele

Beispiel 1: Aktivierung in Großgruppen (Mikroartikel)

1. Problem: Lernende in Großgruppen (50-100) stärker einbinden
2. Geschichte: Kollegin hat Murmelmethode (buzz group) empfohlen; ich habe das mehrfach ausprobiert: einmal als Wiederholung zu Beginn, dann mit einer kleinen Fragestellung während der Lerneinheit und am Schluss als Frage nach der wesentlichen Erkenntnis; besonders am Schluss kamen für mich überraschende Antworten.
3. Einsichten: (1) „die“ machen tatsächlich mit; (2) wichtig ist es, eine Form der Aktivierung zu finden, bei der alle Lernenden gleichzeitig mitmachen können und gefordert sind, das kostet dann auch nicht soviel Zeit.
4. Folgerungen: weniger klassische Lehrgespräche, mehr kurze aber gleichzeitige Aktivierungen aller Lernenden
5. Anschlussfrage: Wie lassen sich umfangreichere Aufgabenstellungen „einbauen“?

Beispiel 2: Ethik (Ideenblatt)

Werteorientiertes Denken

Idee: Mit moralischen Überzeugungen rational umgehen

Folgerungen
- Prüfung auf logische Konsistenz
- Vereinbarkeit mit Annahmen über bestimmte Möglichkeiten und Grenzen der menschlichen Natur
- Prüfung hinsichtlich unreflektierter gesellschaftlicher Interessen und Machtpositionen (= Ideologie)

Story / Beispiel
- Erbgut von Pflanzen und Tieren verändern, z.B. genveränderte Nahrungsmittel
- Umgang mit menschlichen Embryonen, z.B. Gewinnung von embryonalen Stammzellen

Anschlussfrage: Wo sind die Grenzen der Rationalität?

Schummelzettel

Phase	Zweck
Aktivierung	Die wesentlichen Inhalte auf einem Blatt Papier (z. B. DIN A5) notieren.

Idee

Eigentlich verboten erweist sich der gezielt eingesetzte Schummelzettel (auch Spickzettel) als wirkungsvolle Lernhilfe. Der zugrunde liegende Effekt ist jedermann vertraut: Durch das Anfertigen eines Schummelzettels wird dieser quasi überflüssig, weil die in Gang gesetzten Verarbeitungsprozesse zu einem in der Regel erfolgreichen Memorieren der Inhalte beitragen.

Vorgehen

Halten Sie die Lernenden an, die ihrer Meinung nach wichtigen Inhalte auf einem Schummelzettel (beidseitig) zu notieren. Bei einer anstehenden Lernerfolgskontrolle kann der Schummelzettel gegebenenfalls von den Lernenden verwendet werden.

Beispiel

Beispiel 1: Mechanismen der Überzeugung[141] (Psychologie)

Gegenseitige Verpflichtetheit (= Reziprozität)
a) etwas geben,
b) etwas Hohes fordern, was abgelehnt wird (die Ablehnung des Anderen wird akzeptiert und führt zu einer Verpflichtetheit)

Zuneigung und Sympathie
a) Gutes Aussehen,
b) Ähnlichkeit,
c) Vertrautheit durch wiederholte Kontakte.

Stimmigkeit; sich treu bleiben (= Konsistenz)
a) Commitment einholen; jmd. dazu bringen, einen Standpunkt einzunehmen,
b) Throwing a lowball (Niedrigpreis-Angebot, das nicht ernst gemeint ist, „verführt“ zu Kaufentscheidung).

Autoritätsgläubigkeit
Insignien der Autorität: gut gekleidet, Betonung der langjährigen Erfahrung usw.

Soziale Gültigkeit

Wertschätzung von Knappheit

Beispiel 2: Advance Organizer

- Wissen wird in Schemata bzw. als Abbilder der Wirklichkeit organisiert;
- „Kognitive Karten“ ermöglichen es, vielfältige neue Inhalte den schon vorhandenen Strukturen zuzuordnen.

Advance Organizer – mehr als ein Inhaltsverzeichnis

- Von David Ausubel (60er Jahre): dient der der strukturierten Aufnahme von Inhalten;
- Ausubel: Lernen benötigt einen Kontext, d.h. eine Organisation des Wissens um Bedeutungen und Konzepte; Auswendiglernen ist wenig sinnvoll.

- AO: eine der eigentlichen Stofferarbeitung vorausgehende Lernhilfe, ein Art Lernlandkarte
- stellt die wesentlichen Inhalte, Zusammenhänge und Ergebnisse dar: durch Begriffe, Fragen, Bilder, Strukturen usw.

Ausgewählte Literatur

Es gibt Beispiele, wie man sinnvoll mit großen Stoffmengen umgehen kann. Im Folgenden habe ich einige davon aufgeführt und kurz beschrieben. Zusätzlich nenne ich auch solche Bücher, die große Stoffmengen und den sinnvollen Umgang damit thematisieren.

GAARDER, Jostein: Sofies Welt, Hörspiel auf 5 CDs, 2009. Die Geschichte der 14-jährigen Sofie beginnt mit zwei anonymen Briefen: «Wer bist du» und «Woher kommt die Welt?», will ein unbekannter Briefeschreiber wissen. Die Antworten sind Sofies erste Schritte auf einer abenteuerlichen Reise durch die Geschichte der Philosophie von den Anfängen bis zur Gegenwart. Noch besser als das Buch ist die Hörspielversion. Die *Hidden Agenda:* Philosophie für Erwachsene in einer Verpackung für Jugendliche. *Aus dem Inhalt: Von den Mythen der Antike bis hin zum Existenzialismus und zur Sprachphilosophie des 20. Jahrhunderts u.a.m.*

JANSSEN, Ulrich/STEUERNAGEL, Ulla: Die Kinder-Uni – Forscher erklären die Rätsel der Welt, Band 1 – 3 und diverse Sonderausgaben, München 2004 – 2007. Hervorgegangen aus den Veranstaltungen der Tübinger Kinder-Uni, geben die Bücher leicht verständliche Antworten auf einige der «schwierigsten Fragen der Welt». Bücher ganz sicher nicht nur für Kinder und Jugendliche. *Aus dem Inhalt: Warum sind die Dinosaurier ausgestorben? Warum fallen die Sterne nicht vom Himmel? u.a.m*

KÖHLMEIER, Michael: Shakespeare erzählt, München 7. Auflage 2009. Mitreißend lebendig erzählt Michael Köhlmeier elf Dramen von William Shakespeare. Köhlmeier gelingt es, den Kern des jeweiligen Werks herauszuschälen und gleichzeitig persönliche Eindrücke zu transportieren. *Aus dem Inhalt: Macbeth, Ein Sommernachtstraum, Othello, Hamlet u.a.m.*

KÜSTENMACHER, Werner/SEIWERT, Lothar: Simplify your life – Einfacher und glücklicher leben, Frankfurt/Main 2008. In anregender Weise präsentieren die Autoren Vorschläge, wie sich das Leben vereinfachen lässt – angefangen beim Aufräumen und Vereinfachen des Schreibtisches über die Organisation der Zeit bis hin zu Gesundheit, sozialen Beziehungen und Partnerschaft. *Aus dem Inhalt: Vereinfachen Sie Ihre Sachen; Vereinfachen Sie Ihre Finanzen; Vereinfachen Sie Ihre Beziehungen u.a.m.*

KUNZMANN, Peter/BURKHARD, Franz-Peter/WIEDMANN, Franz: dtv-Atlas der Philosophie, München 14. Aufl. 2009. Rechts der Text, links die Grafik, das ist das Konzept der dtv-Atlanten. Eine prägnante Beschreibung einer philosophischen Richtung wird durch eine entsprechende Visualisierung unterstützt, z. B. gibt es vier Grafiken zu Hegels Dialektik. Die Grafiken helfen dabei, die Erläuterungen «auf den Punkt» zu bringen. *Aus dem Inhalt: Antike, Mittelalter, Renaissance, Aufklärung, Deutscher Idealismus, 19. Jahrhundert, 20. Jahrhundert u.a.m.*

MACRONE, Michael: Heureka! Das archimedische Prinzip und 80 weitere Versuche, die Welt zu erklären, München 1996. Das Buch stellt viele Ideen des westlichen Denkens in komprimierter Form vor. Macrone gelingt es, das Wesentliche eines jeden Konzepts auf zwei bis drei Seiten herauszuarbeiten und in verständlicher Form darzubieten. *Aus dem Inhalt: Der Satz des Pythagoras; Relativität; Das Gefangenendilemma; Die Evolution; Das kollektive Unbewusste; Dialektischer Materialismus und Klassenkampf u.a.m.*

RAUCHHAUPT, Ulf von: Wittgensteins Klarinette – Gegenwart und Zukunft des Wissens, Berlin 2005. Eine anregende Einführung in die Welt des Wissens. Die gesellschaftliche Bedeutung von Wissen wird hinterfragt und Möglichkeiten für den individuellen Umgang mit Wissen werden aufgezeigt. *Aus dem Inhalt: Die Revolution des Wissens; Die Plagen des Informationszeitalters; Die Wissensgesellschaft und ihre Feinde u.a.m*

SCHWANITZ, Dietrich: Bildung – Alles, was man wissen muss, München 12. Aufl. 2002. Ein geisteswissenschaftlich orientierter Bildungskanon wird in kluger und pointierter Weise aufbereitet. Natürlich lässt sich über die Frage, was Bildung ist, ausführlich streiten. Davon unbenommen, ist es das Verdienst SCHWANITZ', wichtige kulturelle Themen pointiert und mit einer Prise Humor aufbereitet zu haben. *Aus dem Inhalt: Die Geschichte Europas; Die europäische Literatur; Die Geschichte der Kunst u.a.m*

www.getabstract.com: Ein kostenpflichtiger Service, der jeden Monat die wichtigsten und besten Bücher für den Businessbereich zusammenfasst. Auf fünf Seiten werden die Kernideen der Bücher in konzentrierter Form präsentiert. Zusätzlich im Angebot sind auch Klassiker-Zusammenfassungen. *Aus dem Buchangebot: Joseph Stiglitz: Der Preis der Ungleichheit; Rolf Dobelli: Die Kunst des klugen Handelns; William Shakespeare: Was ihr wollt u.a.m.*

Personenregister

Sachregister

Anmerkungen

1 Mario Adorf, Der Fenstersturz, Hörbuch, 2004

2 Die Begriffe Erwachsenenbildung und Weiterbildung werden im folgenden synonym verwendet, dies in Anlehnung an: Rudolf Tippelt (Hrsg.), Handbuch Erwachsenenbildung/Weiterbildung, 3. Aufl. Wiesbaden 2008, S. 11. Gebräuchlich ist auch noch eine Differenzierung, die mit Erwachsenenbildung eher nicht-berufliche Bildungsprozesse assoziiert, während Weiterbildung sowohl berufliche als auch nichtberufliche Weiterbildung meint.

3 Abitur in zwölf Jahren: Viel Stoff, wenig Zeit, in: Der Westen – Das Portal der WAZ-Mediengruppe, http://www.derwesten.de/nachrichten/nachrichten/zeusmedienwelten/zeus/fuer-schueler/zeus-regional/luenen/2008/5/4/news-43326336/detail.html, Stand 7.4.2009

4 Rechnungshof fordert Schulreform – Eine Expertengruppe soll aufspüren, wie der Staat Geld sparen kann – und greift ein heißes Eisen an: Die Schulreform (Forum), http://derstandard.at/?url=/?id=1237228214812%26sap=2%26_pid=12508487, Stand 7.4.2009

5 Stiftung Warentest, Schulbücher – schlechtes Zeugnis, in: http://www.test.de/themen/bildung-soziales/test/-Schulb%C3%BCcher/15 778 22/1577822/1579573/, 2007, Stand 7.4.2009

6 Informationen zur Bologna-Reform sind online zu finden unter http://www.crus.ch/information-programme/bologna-ects oder http://www.bmbf.de/de/3336.php, Stand 7.4.2009

7 Lernen im Studium – wie macht ihr das? (Forum), in: http://www.uni-protokolle.de/foren/viewt/122279,0.html, Stand 7.4.2009

8 Johannes Wildt/Birgit Encke & Karen Blümcke (Hrsg.), Professionalisierung der Hochschuldidaktik – Ein Beitrag zur Personalentwicklung an Hochschulen, Bielefeld 2003, S. 18

9 Auch im Internet lassen sich Beispiele für hochschuldidaktische Initiativen finden: In Österreich gibt es die hochschuldidaktische Plattform DICFO (www.dicfo.at) der Fachhochschule Technikum Wien, auf der didaktisch interessante Lehrbeispiele aus verschiedenen Disziplinen vorgestellt werden. In Deutschland gibt es die hochschuldidaktische Datenbank «Lehridee» (www.lehridee.de), ein Kooperationsprojekt des Netzwerks hdw-nrw-fh mit der Hochschulbibliothek der FH Bielefeld.

10 Stiftung Warentest, Gründungsseminare – Wenig Zeit für zuviel Stoff, in: http://www.test.de/themen/bildung-soziales/weiterbildung/test/-/1745363/1745363/1745640/ Stand 7.4.2009

11 Frank Michael Orthey, Zwielichtiges Lernen – Gegenstimmen in der Weiterbildungsdiskussion, Bielefeld 2004, S. 114-115

12 Rolf Arnold/Antje Krämer-Stürzl & Horst Siebert, Dozentenleitfaden – Planung und Unterrichtsvorbereitung in Fortbildung und Erwachsenenbildung, Berlin 1999, S. 64

13 Wolfgang Klafki, Neue Studien zur Bildungstheorie und Didaktik – Zeitgemäße Allgemeinbildung und kritisch-konstruktive Didaktik, 5. Aufl. Weinheim u.a. 1996, S. 270 ff.

14 Dietrich Hering, Zur Fasslichkeit naturwissenschaftlicher und technischer Aussagen, Berlin 1959

15 Horst Friedrich Rösler & Heinz Schmidtkunz, Die didaktische Reduktion – eine Bestandsaufnahme, in: Unterricht Chemie Nr. 34, 1996, S. 5

16 Gustav Grüner, Die didaktische Reduktion als Kernstück der Didaktik. In: Die Deutsche Schule 1967, Heft 7/8, S. 414-430

17 Bernardo Wagner, Didaktik der Elektrotechnik, Version 1.3, S. 30; http://www.zdt.uni-hannover.de/images/1/1e/Didaktik_skript_160402, Stand 27.4.2009

18 Neben den Ansätzen von Hering (1958) und Grüner (1967) wären noch zu nennen: Martin Wagenschein, Verstehen lehren, Weinheim 1968; Gerhard Hauptmeier/Adolf Kell & Antonius Lipsmeier, Zur Auswahlproblematik von Lerninhalten und zur didaktischen Reduktion wissenschaftlicher Aussagen, in: Die Deutsche Berufs- und Fachschule, 71. Jg. 1975, S. 899-922; Wilfrid Ennenbach & Erich Westphal: Kognitive Strukturierungshilfen im Unterricht, Düsseldorf 1980; Christian Salzmann, Elementarisierung und Vereinfachung als Kernproblem des Lehr-Lernprozesses, in: Pädagogische Rundschau 36 (1982) Heft 5, S. 535-556; Jochen Kahlke & Fritz M. Kath (Hrsg.), Das Umsetzen von Aussagen und Inhalten – Didaktische Reduktion und methodische Transformation, Alsbach 1984; Winfried Bachmann, Konzepte der didaktischen Reduktion aus handlungsorientierter Sicht, Bergisch Gladbach 1989; Wolfgang Bleichroth, Elementarisierung als Kernstück der Unterrichtsvorbereitung, NiU-Physik 2 (1991), Heft 6, S. 4-11; Wolfgang Bleichroth, Elementarisierung als Kernstück der Unterrichtsvorbereitung, NiU-Physik 2 (1991), Heft 6, S. 4-11; Herbert Becker, Stofffülle und Stoffreduktion in der Weiterbildung, Weinheim 1993; Martin Lehner, Neue Wege der didaktischen Reduktion, in: Verwaltung und Fortbildung, 1/1993, S. 42-50; Horst F. Rösler & Heinz Schmidkunz, Die didaktische Reduktion – eine Bestandsaufnahme, in: NiU-Chemie 7 (1996), Heft 34, S. 4-8

19 Silke Schnettler, Von Menschen und Mäusen – Schwieriges einfach zu erklären ist gar nicht so leicht, meint der Maus-Macher, in: Die ZEIT 43/2003, http://www.zeit.de/2003/43/Titel_2fMaus-Erl_8auterung, Stand 27.5.2009

20 Seit dem Sommersemester 1999 finden unter dem Namen «University Meets Public (UMP)» Vorträge von Universitätslehrenden an den Wiener Volkshochschulen statt.

21 Indre Zetzsche (Hrsg.), Wissenschaftskommunikation – Streifzug durch ein «neues» Feld, Bonn 2004, S. 82

22 Jürgen Mittelstraß, Wissenschaft verstehen – Die Sicht des Wissenschaftstheoretikers, in: ders. & Tilmann Steiner, Wissenschaft verstehen, Augsburg 1996, S. 15

23 Martin Lehner: Allgemeine Didaktik – Eine Einführung, Bern, Stuttgart, Wien 2009, S. 10

24 Annette Scheunpflug, Evolutionäre Didaktik – Unterricht aus system- und evolutionstheoretischer Perspektive, Weinheim u.a. 2001, S. 12

25 Friedrich W. Kron, Grundwissen Didaktik, München u.a. 2000, S. 21

26 Brigitta K. Pfäffli, Lehren an Hochschulen – Eine Hochschuldidaktik für den Aufbau von Wissen und Kompetenzen, Bern u.a. 2005

27 Werner Jank & Hilbert Meyer, Didaktische Modelle, 7. Aufl. Berlin 2005, S. 132

28 Ernst Mach, Über den relativen Bildungswert der philologischen und der mathematisch-naturwissenschaftlichen Unterrichtsfächer der höheren Schulen, in: Populärwissenschaftliche Vorlesungen, Wien 1987, S. 344 (Neudr. d. 5. Aufl. Leipzig 1923)

29 Hilda Geiringer, Gedanken zur Lehrweise an Volkshochschulen, in: Die Arbeitsgemeinschaft 1 und 3/1920, S. 17

30 Jürg Schüpbach, Nachdenken über das Lehren – Vorder- und Hintergründiges zur Didaktik im Schulalltag, Bern u.a., 2. Aufl. 2000, S. 211

31 Johann Wolfgang Goethe, zit. nach Ludwig Reiners, Stephan Meyer & Jürgen Schiewe, Stilkunst – Ein Lehrbuch deutscher Prosa, München 1991, S. 240

32 Noel Tichy & Ram Charan, Speed, Simplicity, Self-Confidence: An Interview with Jack Welch, in: Harvard Business Review, Sept./Okt. 1989, S. 14

33 Martin Wagenschein, Verstehen lehren, Weinheim 1989, S. 8-9

34 Michael Macrone, Heureka! Das archimedische Prinzip und 80 weitere Versuche, die Welt zu erklären, München 1996, S. 25

35 Martin Wagenschein, Verstehen lehren, Weinheim 1989, S. 31 f.

36 Christoph Biermann, Fast alles über Fußball, Köln 2005, S. 9, 42, 175 und 189

37 Michael Macrone, Heureka! Das archimedische Prinzip und 80 weitere Versuche, die Welt zu erklären, München 1996, S. 25

38 Walter Umstätter, Didaktische Reduktion durch Biologisches Lernen, http://www.ib.hu-berlin.de/~wumsta/lectd.html, Stand 3.11.2005

39 Klaus W. Döring, persönliche Mitteilung

40 Chantal Pelletier, More is less, Heilbronn 2004

41 Martin Lehner & Falko Wilms, Systemisch Denken – klipp und klar, Zürich 2002

42 Links ist die Fußball-Nationalmannschaft von Deutschland abgebildet: effektiv und direkt, rechts diejenige Brasiliens: Samba-Fußball in Vollendung.

43 Cyril N. Parkinson, Parkinsons Gesetz und andere Studien über die Verwaltung, München 2. Aufl. 2001

44 Fachgruppe Wien der Kaffeehäuser (Hrsg.), Das Kaffee-ABC, www.wiener-kaffeehaus.at, Stand 30.3.2006

45 Zitiert nach: Rita Pohle, Weg damit! Entrümpeln befreit, Kreuzlingen u.a. 2001, S. 64

46 Karl Popper, Gegen die großen Worte (Ein Brief, der ursprünglich nicht zur Veröffentlichung bestimmt war), in: ders., Auf der Suche nach einer besseren Welt, München u.a. 1987, S. 112

47 Ebd., S. 110

48 Diethelm Wahl, Ein theoretisches Konzept zur grundsätzlichen Gestaltung von Train-the-trainer-Kursen, in: Veronika Strittmatter-Haubold, Hrsg.), Konzepte und Tools für das Training der Zukunft, Weinheim 1998, S. 11-20

49 Hans-Dieter Gelfert, Vor dem Ges(chwa)etz, in: Wolf-Dieter Narr & Joachim Stary (Hrsg.), Lust und Last des wissenschaftlichen Schreibens, Frankfurt/Main 1999, S. 43

50 Bernd Ulrich, Gerecht ist einfach – Raus aus dem Regel-Labyrinth: Fair ist, was verständlich und verlässlich ist, in: Die ZEIT, H. 43 vom 16.10.2003, S. 1

51 Pappa ante portas, Regie: Loriot, 1990; zitiert nach: Jens Soentgen, Selbstdenken! 20 Praktiken der Philosophie, Wuppertal, 3. Aufl. 2004, S. 77

52 Ernst-Peter Fischer, Kritik des gesunden Menschenverstandes – Unser Hindernislauf zur Erkenntnis, Hamburg 1992, S. 28

53 Eckart Klaus Roloff, Scientainment. Sprachwahl zwischen Hermetik und Populismus, in: Gegenworte – Hefte für den Disput über Wissen. Hrsg. von der Berlin-Brandenburgischen Akademie der Wissenschaften, 7. Heft, Bonn u.a. 2001, S. 54

54 Natürlich können Sie sich über die Verdopplung der Paarungen einer möglichen Lösung nähern: Im Finale stehen zwei Spieler, im Halbfinale vier usw. Wenn Sie dann noch bei der 128er Runde fünf Freilose dazu geben, dann haben Sie es. Einfacher ist es allerdings, die Frage zu beantworten: Wie viele Spieler müssen verlieren, bis dass der Sieger feststeht? Bei 123 Spielern müssen 122 verlieren, und genauso viele Spiele sind es auch.

55 Manuel Hartung/Thomas Kerstan/Carola Padtberg & Arnfried Schenk, Das Superseminar, in: Die ZEIT, H. 15 vom 1.4.2004, S. 87

56 Wolfgang Meyer, Der Gipfel der Gläubigkeit – Wie eine Nonsens-Theorie ernst genommen wird, in: Die ZEIT, H. 45 vom 30.10.1981, S. 34

57 Klaus Prange, Pädagogik als Erfahrungsprozess, in: Der pädagogische Aufbau der Erfahrung, Stuttgart 1978, S. 49

58 Wolfgang Klafki, Neue Studien zur Bildungstheorie und Didaktik – Zeitgemäße Allgemeinbildung und kritisch-konstruktive Didaktik, Weinheim u.a. 5. Aufl. 1996, S. 270 ff.; s. auch Rolf Arnold/Antje Krämer-Stürzl & Horst Siebert, Dozentenleitfaden – Planung und Unterrichtsvorbereitung in Fortbildung und Erwachsenenbildung, Berlin 1999, S. 83

59 Helmut Fuchs & Andreas Huber, Metaphoring – Komplexität erfolgreich managen, Offenbach 2002, S. 10 f. und 70 f.

60 Johann Wolfgang Goethe, zit. nach Ludwig Reiners, Stephan Meyer & Jürgen Schiewe, Stilkunst – Ein Lehrbuch deutscher Prosa, München 1991, S. 240

61 Francois Jacob, The possible and the Actual, New York 1982, S. 33 ff. Zitiert nach: Eric Kandel, Auf der Suche nach dem Gedächtnis – Die Entstehung einer neuen Wissenschaft des Geistes, München 2006, S. 258-259

62 Manfred Spitzer, Lernen – Gehirnforschung und die Schule des Lebens, Heidelberg u.a. 2003, S. 19

63 Frederic Vester, Die Kunst vernetzt zu denken – Ideen und Werkzeuge für einen neuen Umgang mit Komplexität, Stuttgart 1999, S. 22-24

64 Manfred Spitzer, Lernen – Gehirnforschung und die Schule des Lebens, Heidelberg u.a. 2003, S. 141-156

65 Ebd., S. 5-10

66 Ebd., S. 10

67 Ebd., S. 75

68 Ebd., S. 21-37

69 Ebd., S. 195

70 Reinhard Sprenger, Mythos Motivation, Frankfurt/Main 1991

71 Walter Edelmann, Lernpsychologie, Weinheim 6. Aufl. 1993, S. 6-13

72 Antonio Damasio, Descartes Irrtum – Fühlen, Denken und das menschliche Gehirn, Berlin 2004, S. 238 f.

73 Michael Gershon, Der kluge Bauch – Die Entdeckung des zweiten Gehirns, München 2001, S. 16

74 Walter Edelmann, Lernpsychologie, Weinheim 6. Aufl. 1993

75 Manfred Spitzer, Geist im Netz, Modelle für Lernen, Denken und Handeln, Heidelberg u.a. 1996, S. 135

76 Rolf Arnold/Antje Krämer-Stürzl & Horst Siebert, Dozentenleitfaden – Planung und Unterrichtsvorbereitung in Fortbildung und Erwachsenenbildung, Berlin 1999, S. 64

77 Matthias Horx, Wie wir leben werden – Unsere Zukunft beginnt jetzt, Frankfurt/M. u.a., S. 75-76

78 Reinhold Nickolaus, Handlungsorientierung als dominierendes didaktisch-methodisches Prinzip in der beruflichen Bildung, in: Zeitschrift für Berufs- und Wirtschaftpädagogik 2/2000, S. 190 ff.

79 Diethelm Wahl, Lernumgebungen erfolgreich gestalten – Lehr- und Lernmethoden für Erwachsenenbildung, Hochschuldidaktik und Unterricht, Bad Heilbrunn 2005, S. 139-154

80 Horst Speichert, Kopfspiele – Das unterhaltsame Gedächtnistraining, Reinbek bei Hamburg 1990, S. 37-40. – Strukturierte Lerninhalte werden in der Regel besser erinnert als unstrukturierte. Die Oberbegriffe bzw. Kategorien fungieren als Erinnerungs- bzw. Rekonstruktionshilfen.

81 Siehe auch die Internetseite «Lernen durch Lehren»: http://www.ku-eichstaett.de/Fakultaeten/SLF/romanistik/didaktik/Forschung/ldl, Stand 19.12.2005

82 Diethelm Wahl, Lernumgebungen erfolgreich gestalten – Lehr- und Lernmethoden für Erwachsenenbildung, Hochschuldidaktik und Unterricht, Bad Heilbrunn 2005, S. 9

83 Adi Winteler, Professionell lehren und lernen – Ein Praxisbuch, Darmstadt 2004, S. 17

84 Ebd., S. 17

85 Ähnliche Methoden der Partner- und Gruppenarbeit werden in dem sehr empfehlenswerten Reader «Kooperatives Lernen – kein Problem» von Anna A. Huber (Leipzig u.a. 2004) vorgestellt.

86 Adolf Diesterweg, Diesterweg's Wegweiser zur Bildung für Deutsche Lehrer, Band 1: Das Allgemeine, Essen 1873, S. 202

87 Siegfried Greif & Hans-Joachim Kurtz, Selbstorganisation, Selbstbestimmung und Kultur, in: dies. (Hrsg.), Handbuch Selbstorganisiertes Lernen, Göttingen 2. Aufl. 1998, S. 27

88 Ebd. S. 28 f.

89 Agnes Weber, Problem-Based Learning – Ein Handbuch für die Ausbildung auf der Sekundarstufe II und der Tertiärstufe, Bern 2004, S. 31

90 Gabriela Brezowar & Michael Mair, Problem-Based Learning, Fallstudien zum Tourismus-Management, Wien 2003, S. 12-20

91 Diethelm Wahl, Lernumgebungen erfolgreich gestalten – Vom trägen Wissen zum kompetenten Handeln, Bad Heilbrunn 2005, S. 248-264

92 OECD, Wissenschaftstechnologie und Industrieausblick, Paris 1997.

93 Holger Rust, Am ehesten: Ideengesellschaft, in: Bertelsmann Stiftung (Hrsg.), Was kommt nach der Informationsgesellschaft – 11 Antworten, o. O, o. J.

94 Peter Weingart, Die Stunde der Wahrheit? Weilerswist 2001, S. 337.

95 Michaela Pfadenhauer, Professionalität – Eine wissenssoziologische Rekonstruktion institutionalisierter Kompetenzdarstellungskompetenz, Opladen 2003, S. 24.

96 Christof Schmitz & Betty Zucker, Wissen managen? Wissen entwickeln! in: André Papmehl & Rainer Siewers (Hrsg.), Wissen im Wandel – Die lernende Organisation im 21. Jahrhundert, Wien u.a. 1999, S. 183

97 Sonja Radatz, Beratung ohne Ratschlag – Systemisches Coaching für Führungskräfte und BeraterInnen, Wien 2000, S. 90

98 Rainer Bromme & Riklef Rambow, Die Verständigung zwischen Experte und Laie: Das Beispiel der Architektur, in: Wolfgang K. Schulz (Hrsg.), Expertenwissen – Soziologische, psychologische und pädagogische Perspektiven, Opladen 1998, S. 49.

99 Stefan Danner, Der Verstand muss mehr verstehen – Oder: Über die Schwierigkeit, sich heute seines Verstandes ohne Leitung eines anderen zu bedienen, in: Neue Sammlung, Jg. 35/1995, Heft 3, S. 8 f. und 20

100 Ludwig Kürten, Verständigung will gelernt sein, in: Indre Zetzsche (Hrsg.), Wissenschaftskommunikation – Streifzug durch ein «neues» Feld, Bonn 2004, S. 84.

101 Michaela Pfadenhauer, Professionalität – Eine wissenssoziologische Rekonstruktion institutionalisierter Kompetenzdarstellungskompetenz, Opladen 2003, S. 30

102 Jürgen August Alt, Das Abenteuer Erkenntnis – Ein kleine Geschichte des Wissens, München 2002, S. 207 f.

103 Alfred North Whitehead, The Aims of Education, New York 1929, S. 147

104 Ulf von Rauchhaupt, Wittgensteins Klarinette – Gegenwart und Zukunft des Wissens, Berlin 2005, S. 129-136

105 Lioba Werth, Psychologie für die Wirtschaft – Grundlagen und Anwendungen, Heidelberg u.a. 2004, S. 288

106 Ebd., S. 289

107 Siehe auch a) K.A. Ericsson/R.T. Krampe & C. Tesch-Römer, The role of deliberate practise in the acquisition of expert performance, in: Psychological Review, 100/1993. S. 363-406; b) Y.J. Tenney & L.C. Kurland, The development of troubleshooting expertise in radar mechanics, in: J. Psotka/L.D. Massey & S.A. Mutter (ed.), Intelligent tutoring systems: Lessons learned, Hillsdale 1988, S. 59-83; c) zusammenfassend: Michael Kerres, Multimediale und telemediale Lernumgebungen – Konzeption und Entwicklung, München 2001, S. 173

108 Diethelm Wahl/Willi Wölfing/Gerhard Rapp & Dietmar Heger, Erwachsenenbildung konkret – Mehrphasiges Dozententraining – Eine neue Form erwachsenendidaktischer Ausbildung von Referenten und Dozenten, Weinheim 1991, S. 63

109 Herbert A. Simon, The sciences of the artificial, 2. Aufl. Cambridge 1981, S. 80

110 Peter Reimann, Novizen- und Expertenwissen, in: Friedhart Klix, & Hans Spada (Hrsg.), Enzyklopädie der Psychologie. Göttingen u.a. 1998, S. 336–362

111 Ebd., S. 361

112 Ebd., S. 361

113 Ulf von Rauchhaupt, Wittgensteins Klarinette – Gegenwart und Zukunft des Wissens, Berlin 2005, S. 201-206

114 Rainer Bromme & Riklef Rambow, Die Verständigung zwischen Experte und Laie: Das Beispiel der Architektur, in: Wolfgang K. Schulz (Hrsg.), Expertenwissen – Soziologische, psychologische und pädagogische Perspektiven. Opladen 1998, S. 56

115 Michael Kerres, Multimediale und telemediale Lernumgebungen – Konzeption und Entwicklung, München 2001, S. 173

116 Rolf Arnold, Weiterbildung – Ermöglichungsdidaktische Grundlagen, München 1996, S. 122

117 Gestatten Sie mir eine - vielleicht nicht mehr ganz zeitgemäße - Analogie aus dem Fußball der 70er Jahre: Für das Fußballspiel Franz Beckenbauers waren Spielübersicht und -struktur wichtig, er ist der Prototyp des visuellen Typs. Übersicht und Struktur gehen notwendigerweise mit einem gewissen Maß an Distanz einher. Im Gegensatz dazu steht Gerd Müller für den Nähe suchenden Kinästheten, der immer mitten im (Fußball-)Geschehen zu finden war.

118 Robert Dilts, Einstein – Geniale Denkstrukturen & Neurolinguistisches Programmieren, Paderborn 1992, S. 37

119 Frieder Lauxmann, Mit Hegel auf der Datenautobahn – Über die Freude an geistigen Zusammenhängen, München 1996, S. 60

120 Ulf von Rauchhaupt, Wittgensteins Klarinette – Gegenwart und Zukunft des Wissens, Berlin 2005, S. 223

121 Dietrich Schwanitz, Bildung – Alles was man wissen muss, München 2002, S. 504

122 Ernst Peter Fischer, Die andere Bildung – Was man über die Naturwissenschaften wissen sollte, Berlin 2000

123 Manuel Schulz, Integrative Bildung, Neuwied, S. 176

124 Dietrich Schwanitz, Bildung – Alles was man wissen muss, München 2002, S. 505-508

125 Hartmut von Hentig, Bildung – Ein Essay, München u.a. 1996, S. 164

126 Roland Reichenbach, Bildung als Ethos der Differenz, in: Lutz Koch/Winfried Marotzki & Alfred Schäfer (Hrsg.), Die Zukunft des Bildungsgedankens, Weinheim 1997, S. 138

127 Dietrich Schwanitz, Bildung – Alles was man wissen muss, München 2002, S. 504

128 Christoph Benz, Das Kompetenzprofil des Hochschullehrers – Zur Bestimmung der Kompetenzanforderungen mittels Conjointanalyse, Aachen 2005, S. 245

129 Rolf Arnold, Weiterbildung – Ermöglichungsdidaktische Grundlagen, München 1996, S. 56

130 Hans Gruber/Heinz Mandl & Alexander Renkl, Was lernen wir in Schule und Hochschule: Träges Wissen? in: Heinz Mandl & Jochen Gerstenmaier (Hrsg.), Die Kluft zwischen Wissen und Handeln, Göttingen 2000, S. 139-156

131 Dietrich Dörner, Die Logik des Misslingens – Strategisches Denken in komplexen Situationen, Hamburg 1990, S. 135

132 Karl R. Popper, Objektive Erkenntnis – Ein evolutionärer Entwurf, Hamburg 1993 (1. Aufl. 1972), S. 278

133 Martin Kornmeier, Wissenschaftlich schreiben leicht gemacht, Bern 2008, 238-244

134 Gerd Klein, Lernlandkarte Sturm und Drang; Plattform SelGO: Selbstlernen in der gymnasialen Oberstufe, http://www.selgo.de/digio/ unterrichtsidee/ll_praxisbeispiele.html, Stand 10.12.2008

135 Karsten Böhm, entwickelt im Workshop Hochschuldidaktik 1 der Österreichischen Fachhochschul-Konferenz, 2007. Unterschiedliche Darstellungsformen bezeichnen Prioritäten der Lehrveranstaltung.

136 Martin Lehner, Neue Wege der didaktischen Reduktion, in: Verwaltung und Fortbildung, 1/1993, S. 42-50

137 Werner Jank & Hilbert Meyer, Didaktische Modelle, 7. Aufl., Berlin 2005, S. 63

138 Gerd Gigerenzer, Bauchentscheidungen – Die Intelligenz des Unbewussten und die Macht der Intuition, 2. Aufl., München 2007

139 Helmut Willke, Systemisches Wissensmanagement, Stuttgart 1998, S. 100 ff.

140 Martin Lehner & Falko Wilms, Systemisches Denken – klipp und klar, Zürich 2002, S. 80–85

141 Robert B. Cialdini, Die Psychologie des Überzeugens. Ein Lehrbuch für alle, die ihren Mitmenschen und sich selbst auf die Schliche kommen wollen, 5. Aufl., Bern 2008